Sensoriamento Óptico Compressivo

e a magnificação de imagens holográficas digitais

Conselho Editorial da LF Editorial

Amílcar Pinto Martins - Universidade Aberta de Portugal

Arthur Belford Powell - Rutgers University, Newark, USA

Carlos Aldemir Farias da Silva - Universidade Federal do Pará

Emmánuel Lizcano Fernandes - UNED, Madri

Iran Abreu Mendes - Universidade Federal do Pará

José D'Assunção Barros - Universidade Federal Rural do Rio de Janeiro

Luis Radford - Universidade Laurentienne, Canadá

Manoel de Campos Almeida - Pontifícia Universidade Católica do Paraná

Maria Aparecida Viggiani Bicudo - Universidade Estadual Paulista - UNESP/Rio Claro

Maria da Conceição Xavier de Almeida - Universidade Federal do Rio Grande do Norte

Maria do Socorro de Sousa - Universidade Federal do Ceará

Maria Luisa Oliveras - Universidade de Granada, Espanha

Maria Marly de Oliveira - Universidade Federal Rural de Pernambuco

Raquel Gonçalves-Maia - Universidade de Lisboa

Teresa Vergani - Universidade Aberta de Portugal

Sensoriamento Óptico Compressivo
e a magnificação de imagens holográficas digitais

Júlio César Dias de Souza
Paulo Acioly Marques dos Santos

2024

Copyright © 2024 os autores
1ª Edição

Direção editorial: Victor Pereira Marinho e José Roberto Marinho

Capa: Camila Barriviera
Projeto gráfico e diagramação: Camila Barriviera

Edição revisada segundo o Novo Acordo Ortográfico da Língua Portuguesa

Dados Internacionais de Catalogação na publicação (CIP)
(Câmara Brasileira do Livro, SP, Brasil)

Souza, Júlio César Dias de
Sensoriamento óptico compressivo e magnificação deimagens holográfica digitais / Júlio César Dias de Souza, Paulo Acioly Marques dos Santos. – São Paulo: LF Editorial, 2024.

Bibliografia.
ISBN 978-65-5563-498-3

1. Ciência da Computação 2. Holografia 3. Processamento de imagens - Técnicas digitais I. Santos, Paulo Acioly Marques dos. II. Título.

24-229993   CDD-621.3678

Índices para catálogo sistemático:
1. Processamento digital de imagens: Sensoriamento remoto:
Aplicação: Metodologias: Tecnologia 621.3678

Eliane de Freitas Leite - Bibliotecária - CRB 8/8415

Todos os direitos reservados. Nenhuma parte desta obra poderá ser reproduzida sejam quais forem os meios empregados sem a permissão da Editora.
Aos infratores aplicam-se as sanções previstas nos artigos 102, 104, 106 e 107 da Lei Nº 9.610, de 19 de fevereiro de 1998

LF Editorial
www.livrariadafisica.com.br
www.lfeditorial.com.br
(11) 2648-6666 | Loja do Instituto de Física da USP
(11) 3936-3413 | Editora

À nossas esposas
Paula Fernanda e Maria de Lourdes
pela extrema paciência e companheirismo...

PREFÁCIO

Com aplicações em áreas como microscopia, perfilometria e metrologia, a holografia digital tem sido utilizada como uma eficiente técnica óptica para caracterização e medições não destrutivas. A capacidade de registro e recuperação de informação do campo espalhado por um objeto proporcionou o desenvolvimento de técnicas que permitem a medição, com grande precisão, de grandezas como intensidade e frequência de vibrações, perfil e deformação de superfícies, mapeamento de posição e velocidade de partículas, caracterização de índices de refração, entre outras.

Apesar das vantagens que apresenta, a baixa frequência de amostragem dos sistemas de aquisição e a presença de elementos, como ruído *speckle*, gaussiano branco de leitura e imagem gêmea, impõem-se como limitação à quantidade de detalhes que podem ser observados na imagem reconstruída. Essas dificuldades têm motivado pesquisas que buscam otimizar as técnicas de reconstrução, com a finalidade de obter imagens com maior resolução e menor quantidade de ruídos.

O objetivo desta obra é demonstrar os avanços na área de sensoriamento compressivo e como pode ser utilizado de forma combinada com a magnificação holográfica para a criação de um método de magnificação holográfica por sensoriamento compressivo que seja capaz de obter maior aproveitamento da informação sensoriada pelos dispositivos de registro holográfico, em prol da reconstrução do campo com ganho de resolução, e que tenha alta imunidade a ruídos, de modo a propiciar maior visibilidade de detalhes e precisão em diversas medidas que podem ser realizadas sobre o sistema físico analisado.

Para isso, será abordada a teoria sobre a holografia e a magnificação holográfica, o sensoriamento compressivo e a holografia compressiva, com algumas aplicações desenvolvidas em cada área, bem como os desafios e dificuldades mais relevantes para a utilização das técnicas apresentadas.

Posteriormente, será apresentada a base teórica para a proposta central deste trabalho, e os resultados obtidos após a utilização do algoritmo para reconstruir, de forma magnificada, imagens a partir de hologramas sintetizados numericamente e gravados em uma montagem experimental de holografia em linha.

Com vistas a avaliar a imunidade a ruídos e a eficiência na magnificação, os resultados serão comparados com os obtidos pelos algoritmos tradicionais de reconstrução por transformação de Fresnel e de magnificação holográfica.

Por fim, serão apresentadas as conclusões a respeito dos resultados obtidos e as perspectivas vislumbradas para futuros avanços.

SUMÁRIO

Prefácio	7
Sumário	10

CAPÍTULO 1 | INTRODUÇÃO — 19

CAPÍTULO 2 | OS PRINCÍPIOS GERAIS DA HOLOGRAFIA — 25

2.1 A HOLOGRAFIA CLÁSSICA — 34

A holografia em linha de Gabor — 34

A Holografia fora de linha — 39

Hologramas de Fourier — 43

2.2 A HOLOGRAFIA DIGITAL — 48

Reconstrução por transformação de Fresnel — 52

Reconstrução pelo método do espectro angular — 57

A Holografia Digital de Fourier sem lentes — 60

2.3 ASPECTOS TÉCNICOS RELEVANTES EM HOLOGRAFIA DIGITAL — 64

O ângulo máximo entre os feixes de gravação do holograma — 64

As dimensões dos sensores do CCD e a perda de resolução por filtragem de frequência — 67

O termo central de difração — 71

Ruídos de leitura no CCD — 74

O ruído *speckle* — 80

2.4. MÉTRICAS PARA ANÁLISE DA QUALIDADE DA RECONSTRUÇÃO HOLOGRÁFICA — 83

A relação sinal-ruído — 83

O erro quadrático médio — 84

A raíz do erro quadrático médio — 85

A relação sinal-ruído de pico — 85

O Índice de Similaridade Estrutural — 86

2.5 MAGNIFICAÇÃO HOLOGRÁFICA AJUSTADA VIA ALGORITMO — 91

CAPÍTULO 3 | O SENSORIAMENTO COMPRESSIVO — 105

3.1 REPRESENTAÇÃO MATRICIAL DE SISTEMAS LINEARES   111

3.2 ASPECTOS BÁSICOS SOBRE A TEORIA DO SENSORIAMENTO
COMPRESSIVO   113

3.3 CONDIÇÕES PARA EQUIVALENCIA ENTRE AS NORMAS L_0 E L_1 NA
RESOLUÇÃO DE SISTEMAS LINEARES   118

    Propriedade de isometria restrita   119

    Incoerência entre Matriz de Sensoriamento e Base Ortogonal   122

3.4 EXEMPLO PRÁTICO DE RECUPERAÇÃO DE SINAL COM CS E
ALGUMAS APLICAÇÕES DESENVOLVIDAS   126

    Câmera de *Píxel* único   130

    Imageamento Compressivo por Ressonância Magnética   133

3.5 HOLOGRAFIA DIGITAL COMPRESSIVA   138

3.6 ALGORITMOS ITERATIVOS EM CS APLICADOS À
HOLOGRAFIA DIGITAL   144

CAPÍTULO 4 | A MAGNIFICAÇÃO HOLOGRÁFICA COMPRESSIVA   149

4.1 TEORIA   151

4.2 SIMULAÇÕES E EXPERIMENTOS   162

CAPÍTULO 5 | DESCRIÇÃO DE ALGUNS RESULTADOS
DE EXPERIMENTOS PROPOSTOS   173

CAPÍTULO 6 | CONSIDERAÇÕES FINAIS   193

Referências   199

LISTA DE FIGURAS

PÁG.	NÚMERO FIGURA
28	**Fig. 2.1** Imagem reconstruída a partir de um holograma. O itens (a) e (b) mostram a mudança de perspectiva com a variação do ângulo de visualização. Fonte: [21].
30/36	**Fig. 2.2** Sistema óptico utilizado para gravar um holograma em linha. Fonte: [25].
31	**Fig. 2.3** (a) Sistema óptico utilizado na reconstrução da imagem a partir de um holograma em linha. Um observador pode perceber o objeto holografado em duas imagens, uma virtual e outra, sobre o mesmo eixo, porém, real; (b) primeira imagem obtida a partir de um holograma em linha. A imagem central apresenta o padrão de interferência gravado, a imagem inferior esquerda contém a transparência original e a inferior direita apresenta a imagem reconstruída. Fonte: [18, 25].
32/41	**Fig. 2.4** Sistema óptico utilizado para gravar um holograma fora de linha (*off-axis*). Fonte: [25].
33/44	**Fig. 2.5** (a) Sistema óptico utilizado na reconstrução da imagem a partir de um holograma fora de linha; (b) exemplo de imagem reconstruída a partir de um holograma fora de linha. Fonte: [25].
43	**Fig. 2.6** (a) Holograma fora de linha; (b) ampliação da região marcada em vermelho no item (a), destacando o padrão de franjas de interferência com frequência portadora fx. Fonte: [51].
46	**Fig. 2.7** (a) esquema de montagem para gravação de um holograma de Fourier com lentes; (b) esquema para reconstrução do holograma de Fourier com lentes. Fonte: [25].
48	**Fig. 2.8** Resultado da reconstrução de imagem com o método de holografia de Fourier. É possível perceber a separação espacial entre as imagens e o termo central de autocorrelação. Fonte: [25].
51	**Fig. 2.9** Representação geométrica da difração de uma onda ao passar por uma abertura. Fonte: [59].
62	**Fig. 2.10** Esquema de registro da holografia digital da Transformação de Fourier sem lentes.
70	**Fig. 2.11** PRF, medida experimentalmente, de sensor de uma câme-

ra Kodak KAF4200 com array de 2048x2048 *píxeis*, iluminado por uma luz com comprimento de onda $\lambda = 488$ nm. Fonte: [68].

71   **Fig. 2.12** Para efeito de comparação: (a) imagem original, fonte: [69]; (b) imagem após perda de resolução. Ao comparar (a) e (b), é possível perceber um efeito de embaçamento em (b).

72   **Fig. 2.13** (a) holograma sintetizado numericamente; (b) valores de intensidade de imagem recostruída a partir de (a); (c) holograma com baixa resolução obtido a partir de (a); (d) valores de intensidade para imagem reconstruída a partir de (c).

74   **Fig. 2.14** (a) Imagem obtida a partir de um holograma digital gerado com a técnica de Holografia de Fourier. (b) imagem reconstruída a partir do holograma do item (a), após ter passado por uma filtragem numérica. Fonte: [70].

78   **Fig. 2.15** Gráfico de amplitude normalizada do ruído *flicker* em função de f (em pulsos por segundo), com valores medidos por Jhonson em 1925 para um filamento condutor em um tubo de vácuo. Fonte: [82].

81   **Fig. 2.16** (a) holograma sintetizado numericamente, sem a presença de ruídos; (b) valores de intensidade para imagem holográfica reconstruída a partir de (a); (c) holograma (a) com adição de ruído gaussiano de forma que o SNR seja igual a 5; (d) valores de intensidade para imagem reconstruída a partir de (c).

82   **Fig. 2.17** Esquema geométrico de formação do granulado óptico, *speckle*. Fonte: [89].

83   **Fig. 2.18** Imagens reconstruídas a partir de um holograma de Fourier; (a) sem filtragem de ruído *speckle*; (b) com filtragem de ruído *speckle*. Fonte: [91].

89   **Fig. 2.19** Imagens com diferentes degradações. (a) imagem original; (b) imagem (a) com alteração no contraste; (c) imagem (a) comprimida; (d) imagem (a) com redução da resolução. As imagens (b)-(d) possuem MSE=210. Fonte: [99].

95   **Fig. 2.20** Magnificação holográfica pela utilização da técnica de *zero-padding*. (a) holograma original com 512x512 *píxeis*; (b) valores de intensidade para imagem holográfica recostruída sem magnificação a partir de (a); (c) área destacada em azul em (b); (d) holograma de 4400x400 *píxeis*, cuja área foi aumentada pela adição de zeros em (a); (e) valores de intensidade para imagem reconstruída a partir de (d), com 3072x3072 pixeis, magnificada com fator de ampliação 6X em relação a (b); (f) área marcada em azul em (e).

103   **Fig. 2.21** Imagens reconstruídas de forma magnificada com a utilização da Transformação de Fresnel-Bluestein. (a) magnificação realizada com $\mathrm{Mag} \ll 1$;(b) magnificação com $\mathrm{Mag} \gg 1$; (c) e (d) resultado da magnificação dos itens (a) e (b), respecitvamente, após a filtragem de elementos indesejáveis. Fonte: [113].

109   **Fig. 3.1** (a) Imagem original; (b) DCT da imagem em (a); (c) 00 imagem com 25% dos maiores coeficientes em (b); (d) DCT inversa de (c).

111   **Fig. 3.2** (a) Imagem original; (b) coeficientes de wavelets de (a); (c) área ampliada da região marcada em vermelho em (b); (d) reconstrução da imagem original a partir de 10.000 dos aproximadamente 65.000 coeficientes de wavelets de (b).

118   **Fig. 3.3** Representação de um esquema de aquisição de sinal com base no sensoriamento compressivo. Fonte: [132].

121   **Fig. 3.4** (a)exemplo de vetor que representa um sinal 8-esparso, ou seja, apenas 8 de suas componentes são não nulas; (b)vetor que pode ser aproximado por um 7-esparso, logo, pode ser classificado como compressível $x7$.

129   **Fig. 3.5** Sinal original $x(t)$, não esparso no domínio do tempo, composto por 256 elementos.

129   **Fig. 3.6** Sinal $x(f)$ representado no domínio da DCT. Observe que a maior parte da energia está concentrada em apenas um coeficiente.

131   **Fig. 3.7** Elementos amostrados de $x(t)$.

131   **Fig. 3.8** Solução para $x(t)$ encontrada via CS.

132   **Fig. 3.9** Solução encontrada para $x(t)$ pela utilização do método dos mínimos quadrados.

133   **Fig. 3.10** Esquema de protótipo de câmera de píxel único em que RNG é um gerador numérico randômico, AMM é um array de micro espelhos, PD um detector de fótons, Xmtr um transmissor de rádio frequência, Rcvr um receptor de rádio frequência e DSP uma unidade digital de processamento de sinais. Fonte: [142].

134   **Fig. 3.11** Imagem obtida pela utilização da câmera de píxel único; (a) imagem original; (b) imagem obtida para m=3300 medidas; (c) imagem obtida para m=1300 medidas. Fonte: [142].

136   **Fig. 3.12** Domínio Ωi para uma seção transversal i do campo 3D, composto por curvas que indicam a região de amostragem do espectro de Fourier. Fonte: [135].

138   **Fig. 3.13** Esquema randômico de subamostragem. Os pontos em vermelho são as regiões no plano da Transformação de Fourier que foram amostradas. Fonte: [147].

138 **Fig. 3.14** Resultado do processo de obtenção de imagem em MRI; (a) com base nos métodos tradicionais e (b) utilizando técnicas de CS. Fonte: [10].

145 **Fig. 3.15** Resultado da reconstrução do holograma de uma moeda, gravado em uma montagem fora de linha. (a) holograma gravado; (b) imagem reconstruída a partir de (a) via Transformação de Fresnel; (c) esquema de subamostragem de (a) com apenas 8% da informação original; (d) imagem reconstruída a partir de (c) via Transformação de Fresnel; (e) imagem reconstruída a partir de (c) via CS. Fonte: [124].

165 **Fig. 4.1** (a) Imagem criada numericamente com 3072x3072 *píxeis*; (b) região marcada em azul em (a).

166 **Fig. 4.2** (a) Holograma hm,n, com 3072x3072 *píxeis*, sintetizado a partir da Fig. 4.1 (a); (b) imagem com perfil de intensidade gaussiano, (c) holograma com 512x512 *píxeis*, obtido a partir da convolução de (a) por (b), subamostragem e adição de ruído branco (SNR=10dB).

167 **Fig. 4.3** (a) Imagem criada numericamente com 3072x3072 *píxeis*; (b) região marcada em azul em (a).

168 **Fig. 4.4** (a) Holograma hm,n, com 3072x3072 *píxeis*, sintetizado a partir da Fig. 4.3 (a); (b) holograma com 512x512 *píxeis*, obtido a partir da convolução de (a) por Fig. 4.2 (b), subamostragem e adição de ruído branco $(\text{SNR}=5\text{dB})$.

169 **Fig. 4.5** Montagem experimental de holografia em linha em que O é uma lente objetiva, P é um filtro espacial e S a amostra a ser holografada. A luz do laser de He-Ne possui $\lambda = 632.8\text{nm}$.

171 **Fig. 4.6** Holograma com 512x512 *píxeis* de uma fibra óptica monomodo, obtido na montagem experimental de hografia em linha apresentado na Fig. 4.5. No ato de gravação do holograma, a distância da fibra ao CCD foi $d=24{,}03\pm0{,}05$ mm.

171 **Fig. 4.7** Holograma com 512x512 *píxeis* de um padrão de teste de resolução USAF 1951 positivo, obtido na montagem experimental de holografia em linha apresentado na Fig. 4.5. No ato de gravação do holograma, a distância da fibra ao CCD foi $d=22{,}61\pm0{,}05$ mm.

172 **Fig. 4.8** Holograma com 512x512 *píxeis* de partículas de vidro imersas em água, obtido na montagem experimental de hografia em linha apresentado na Fig. 4.5. No ato de gravação do holograma, a distância da amostra ao CCD foi $d=45{,}60\pm0{,}05$ mm.

176 **Fig. 5.1** (a) Imagem de 512x512 *píxeis* com os valores de intensidade

do campo reconstruído a partir do holograma apresentado na Fig. 4.2 (c); (b) região marcada em azul em (a); (c) imagem de 512x512 *píxeis* com os valores de intensidade do campo reconstruído a partir do holograma apresentado na Fig. 4.4 (b); (d) região marcada em azul em (a);

178   **Fig. 5.2** Imagens com 3072x3072 *píxeis*, reconstruídas holograficamente com magnificação de 6X. Imagem reconstruída a partir do holograma da Fig. 4.2 (c); (a) pela técnica de *zero-padding*; (c) por ondas esféricas; (e) pela FBT. (b), (d) e (f) apresentam, respectivamente, as regiões marcadas em azul em (a), (c) e (e).

180   **Fig. 5.3** (a) Imagem de 3072x3072 *píxeis* com os valores de intensidade do campo reconstruído a partir do holograma apresentado na Fig. 4.2 (c); (b) região marcada em azul em (a).

181   **Fig. 5.4** Imagens com 3072x3072 *píxeis*, holograficamente reconstruídas com magnificação de 6X. Imagem reconstruída a partir do holograma da Fig. 4.4 (b); (a) pela técnica de *zero-padding*; (c) por ondas esféricas; (e) pela FBT. (b), (d) e (f) apresentam, respectivamente, as regiões marcadas em azul em (a), (c) e (e).

182   **Fig. 5.5** (a) Imagem de 3072x3072 *píxeis* com os valores de intensidade do campo reconstruído a partir do holograma apresentado na Fig. 4.2 (c); (b) região marcada em azul em (a).

183   **Fig. 5.6** Valores de SSIM para imagens reconstruídas a partir de hologramas ruidosos com vários níveis de SNRs, que variam de 1 a 50dB. As imagens foram reconstruídas pelas técnicas de *zero-padding*, ondas esféricas, FBT e nosso método com um fator de magnificação 6X.

185   **Fig. 5.7** Imagens reconstruídas a partir do holograma da fibra óptica apresentao na Fig. 4.6; (a) imagem com 512x512 *píxeis*, sem magnificação, obtida pelo uso da transformação de Fresnel; (b) região marcada em azul em (a); (c) imagem com 3072x3072, com magnificação 6X, obtido pelo uso da FBT; (d) região marcada em azul em (c).

187   **Fig. 5.8** Valores de intensidade para o campo reconstruído a partir do holograma da Fig. 4.6; (a) imagem com 3072x3072 *píxeis*, obtida pela utilização de nosso algoritmo de magnificação holográfica compressiva, com fator de magnificação 6X ; (b)região marcada em azul em (a).

188   **Fig. 5.9** Imagens reconstruídas a partir do holograma do padrão de resolução USAF 1971 apresentao na Fig. 4.7; (a) imagem com 512x512 *píxeis*, sem magnificação; (b) região marcada em azul em (a); (c)

imagem com 3072x3072, com magnificação 6X obtido pela FBT; (d) região marcada em azul em (c).

189   **Fig. 5.10** Valores de intensidade para o campo reconstruído a partir do holograma da Fig. 4.7; (a) imagem com 3072x3072 píexeis, obtida pela utilização de nosso algoritmo de magnificação holográfica compressiva, com fator de magnificação 6X ; (b)região marcada em azul em (a).

190   **Fig. 5.11** Imagens reconstruídas a partir do holograma, de partículas de vidro imersas em água, mostrado na Fig. 4.8; (a) imagem com 512x512 *píxeis*, sem magnificação; (b) região marcada em azul em (a); (c) imagem com 3072x3072, com magnificação 6X obtido pela FBT; (d) região marcada em azul em (c).

191   **Fig. 5.12** Valores de intensidade para o campo reconstruído a partir do holograma da Fig. 4.7; (a) imagem com 3072x3072 *píxeis*, obtida pela utilização de nosso algoritmo de magnificação holográfica compressiva, com fator de magnificação 6X ; (b)região marcada em azul em (a).

HUYGENS
YOUNG
FRESNEL

HUYGENS
YOUNG
FRESNEL

CAPÍTULO 1 | INTRODUÇÃO

A HOLOGRAFIA digital é uma técnica de reconstrução de imagens, não destrutiva, utilizada desde os anos 90, que se destaca por viabilizar a recuperação de informação de amplitude e fase do campo óptico de um feixe de luz espalhado por um objeto e registrado em um sistema eletrônico de aquisição de dados. Com aplicações em áreas como microscopia [1], perfilometria [2], rastreamento de partículas [3], mecânica dos fluídos [4] e codificação numérica [5], a técnica tem se destacado por sua simplicidade de utilização e qualidade na informação obtida.

Assim como em diversas técnicas de processamento de sinais, na holografia é desejável que a informação seja registrada com a maior taxa de amostragem possível, o que torna necessária a utilização de equipamentos cada vez mais sofisticados, a fim de produzir resultados com qualidade satisfatória à análise a ser realizada. Contudo, conforme veremos no próximo capítulo, os atuais dispositivos digitais de registro de hologramas possuem uma frequência de amostragem muito inferior aos tradicionais filmes fotográficos utilizados em holografia, de modo que, na imagem digital reconstruída, alguns detalhes do objeto acabam não sendo visualizados, o que pode prejudicar medições de características diversas do objeto holografado.

Frente a esse problema e com o crescente aumento do poder computacional, foram desenvolvidos algoritmos para otimizar a reconstrução da imagem a partir de hologramas digitais [6]. Dentre esses, os de magnificação holográfica se destacam por possibilitar o controle sobre o tamanho dos *píxeis* no plano de reconstrução, o que permite a obtenção de imagens magnificadas que viabilizam a observação de detalhes antes mascarados nas imagens obtidas pelas técnicas de reconstrução tradicionais [7-9].

Por outro lado, um tema largamente discutido nos últimos anos, na área de processamento de sinais, é a descoberta de que a recuperação de sinais esparsos em sistemas lineares pode ser realizada com um número de equações muito inferior ao de variáveis. Essa teoria, ainda em desenvolvimento, que abrange áreas como Matemática, Física, Engenharia Elétrica e Ciência da Computação, veio a ser conhecida como sensoriamento compressivo [10] e propõe o estabelecimento de um novo paradigma de aquisição e tratamento de dados.

Entendida como a busca de soluções em um processo de inversão de sistemas lineares em que há mais incógnitas do que equações, a teoria prevê que sob determinadas condições é possível garantir a unicidade das soluções encontradas [11]. Essa descoberta possibilitou a criação de métodos para reconstrução de sinais a partir de poucos elementos amostrados e tem potencial para modificar a forma como tratamos a informação em diversas tecnologias atualmente utilizadas [12-16].

Desde sua criação, o sensoriamento compressivo tem motivado pesquisas para o desenvolvimento de técnicas como a Holografia Compressiva [17] que, como veremos no capítulo sobre sensoriamento compressivo, propicia a reconstrução de imagens a partir de hologramas obtidos em sistemas com baixa taxa de amostragem, além de possuir alta imunidade a ruídos.

A ESTRUTURA DO LIVRO

Motivados pelas vantagens da holografia compressiva frente as dificuldades ocasionadas pela baixa frequência de amostragem dos atuais sistemas digitais de registros holográficos, apresntamos nesta obra uma proposta que busca tirar proveito do poder do sensoriamento compressivo em conjunto com a magnificação holográfica sem lentes para a criação de uma técnica algorítmica de magnificação holográfica compressiva que seja capaz de reconstruir imagens com ampliação controlada, ganho de resolução e alta imunidade a ruídos, a partir de hologramas obtidos em montagens holográficas tradicionais e, como veremos adiante, sem a necessidade de alteração de parâmetros experimentais como a distância de reconstrução ou o comprimento de onda da luz utilizada no experimento.

Desta forma, será realizada uma apresentação geral sobre a teoria que envolve a holografia e o sensoriamento compressivo, bem como a holografia compressiva e a magnificação holográfica. O objetivo é fornecer condições para a compreensão de nossa proposta de criação de um algoritmo de magnificação holográfica compressiva. Também serão apresentados os resultados de testes realizados a partir de hologramas gerados numericamente e de obtidos experimentalmente, que serão comparados com algumas técnicas já conhecidas de magnificação holográfica.

De forma mais detalhada, o capítulo 2 abordará os princípios gerais da holografia. Iniciado por uma reconstrução da história da holografia que se inicia no formato analógico e progride para o digital, mostrará uma visão geral das pesquisas na área, com os esquemas de arquitetura de sistemas ópticos usuais e as técnicas de reconstrução mais utilizadas, incluindo as de magnificação holográficas, bem como as dificuldades envolvidas e os cenários mais apropriados para sua utilização.

O capítulo 3 discorrerá sobre os aspectos básicos da teoria do sensoriamento compressivo e as condições a serem atendidas para sua validade. Serão discutidas algumas aplicações desenvolvidas, incluindo-se sua utilização em holografia digital para a criação da técnica de holografia compressiva que, como será descrito, apresenta inúmeras vantagens frente à holografia digital tradicional.

Já no capítulo 4 será apresentada a teoria que dá embasamento ao modelo de magnificação holográfica compressiva proposto e a metodologia utilizada na aferição da efetividade da técnica. Serão mostradas simulações, bem como métricas utilizadas na avaliação da qualidade de imagens reconstruídas, e hologramas obtidos experimentalmente, com detalhes técnicos relevantes para sua execução.

No capítulo 5 serão discutidos mais detalhadamente alguns resultados experimentais e simulações apresentadas no capítulo 4. Nesta etapa, a efetividade da técnica de reconstrução holográfica desenvolvida será comparada com métodos consolidados na área de magnificação holográfica.

Por fim, no capítulo 6, serão apresentadas algumas conclusões e reflexões sobre os temas descritos além de algumas perspectivas futuras nesta área para aplicação e aperfeiçoamento dos métodos abordados.

CAPÍTULO 2 | OS PRINCÍPIOS GERAIS DA HOLOGRAFIA

Neste capítulo são abordados os princípios gerais das holografias tradicional e digital. Será feita um breve histórico desde a criação da holografia tradicional até a utilização da holografia digital nos dias atuais e serão apresentadas as técnicas digitais de reconstrução holográfica, com os aspectos técnicos mais relevantes a serem considerados em sua utilização. Serão descritos alguns métodos de magnificação holográfica.

PROPOSTA EM 1948, pelo físico Dennis Gabor, no trabalho intitulado *"A new microscopic principle"* [18], a holografia, termo que provém do grego, *holos* (todo) e *graphein* (escrita), é uma técnica que se destaca pela capacidade de registro e posterior reconstrução, por completo, de um campo óptico.

Diferentemente de métodos convencionais como a fotografia que, ao mapear a intensidade luminosa do campo, viabiliza a obtenção de uma imagem bidimensional, na holografia é possível recuperar as informações de amplitude e fase da frente de onda espalhada por um objeto [19]. Desse modo, com um único registro, o objeto holografado pode ser percebido por uma perspectiva tridimensional.

Como exemplo de registro holográfico, a Fig. 2.1 (a) e (b) contém uma mesma imagem vista sob dois ângulos distintos. Ao variar o ângulo de visualização, há uma mudança na perspectiva de forma similar ao que ocorre na observação de um objeto real. Essa característica, que faz da holografia uma técnica capaz de reconstruir, com um único registro óptica de forma completa, em fase e amplitude, o campo luminoso espalhado por um objeto, conferiu a Gabor, em 1971, o Prêmio Nobel em Física [20].

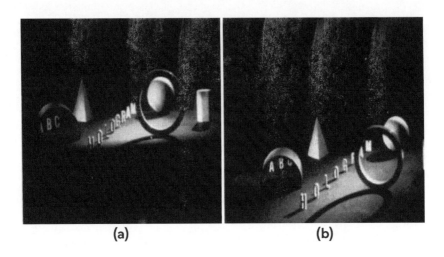

(a) (b)

Fig. 2.1 *Imagem reconstruída a partir de um holograma. O itens (a) e (b) mostram a mudança de perspectiva com a variação do ângulo de visualização. Fonte: [21].*

A técnica holográfica é constituída por duas etapas. Na primeira, há o registro do campo óptico em um meio, o chamado holograma. Na segunda, a reconstrução da imagem a partir do que foi gravado.

A imagem holograficamente armazenada, ou holograma, pode ser definida como o registro do padrão de interferência entre dois feixes coerentes: um espalhado pelo objeto a ser holografado e outro, nomeado referência. Na holografia tradicional, por meio de processos químicos e físicos, o padrão de interferência é registrado em um filme fotossensível, geralmente uma emulsão[1] fotográfica com haletos de prata [22]. Apesar de possuir uma distribuição bidimensional, esse padrão contém informação tridimensional do campo codificada nas franjas de interferência.

Em uma etapa posterior, ao iluminar o holograma com um feixe de características similares ao feixe de referência, o campo espalhado pelo objeto pode ser reconstruído de modo que um observador seja capaz de perceber uma imagem com propriedades como perspectiva, profundidade de foco e paralaxe.

Por seu potencial de aplicação em diversas áreas, a holografia despertou grande interesse da comunidade científica. As dificuldades técnicas existentes na época, no entanto, dificultaram a sua popularização e a técnica foi pouco abordada nos 15 anos que se sucederam. Apenas na década de 60, com a utilização do processo de reconstrução de frente de onda de Gabor [21] em algumas pesquisas com radares [23], adicionado ao advento do *Laser*[2] como uma versátil fonte de luz coerente [24], é que houve um crescimento substancial no número de pesquisas na área.

Na montagem original de Gabor, uma transparência com linhas opacas foi iluminada por um feixe colimado de luz monocromática[3]. Como resultado foi gerado um padrão de interferência entre a parte do feixe transmitida diretamente (onda referência) e a que foi espalhada pelas linhas opacas (onda objeto). Esse padrão foi gravado em um filme fotográfico e posteriormente, quando o holograma, gerado a partir do negativo fotográfico, foi iluminado pelo

---

1   No contexto da holografia o termo emulsão geralmente refere-se a um filme fino com uma camada gelatinosa em que estão dispersos cristais fotossensíveis.

2   Do inglês, *Light Amplification by Stimulated Emission of Radiation*, ou seja, amplificação de luz por emissão estimulada de radiação, o laser propiciou grandes avanços em diversas áreas de pesquisa por ser um dispositivo capaz de produzir radiação eletromagnética coerente, monocromática e colimada.

3   Convém mencionar que o experimento de Gabor ocorreu 12 anos antes da invenção do laser, em 1960. A luz utilizada em seu experimento, que foi produzida por uma lâmpada de mercúrio, teve sua coerência espacial e temporal melhorada com a ajuda de filtros.

feixe colimado original, foram produzidas duas ondas difratadas: uma reconstruindo a imagem do objeto em sua posição original e outra, de mesma amplitude mas fase oposta, formando uma imagem conjugada.

A Fig. 2.2 e Fig. 2.3 (a) apresentam, respectivamente, o esquema da montagem em linha e o resultado da reconstrução da imagem a partir do holograma gravado.

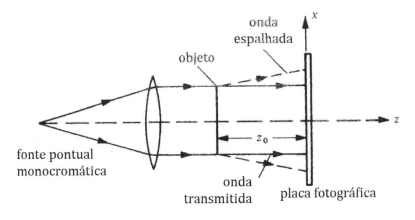

Fig. 2.2 *Sistema óptico utilizado para gravar um holograma em linha. Fonte: [25].*

Uma grande dificuldade do método era o fato das imagens reconstruídas aparecerem superpostas à parte não difratada do feixe referência.

A Fig. 2.3 (b) apresenta um exemplo desse efeito que passou a ser conhecido como problema da imagem gêmea[4] e representou um obstáculo significativo ao desenvolvimento da holografia, pois elevava a complexidade da análise sobre a informação registrada.

---

4   Do inglês, *twin-image problem*.

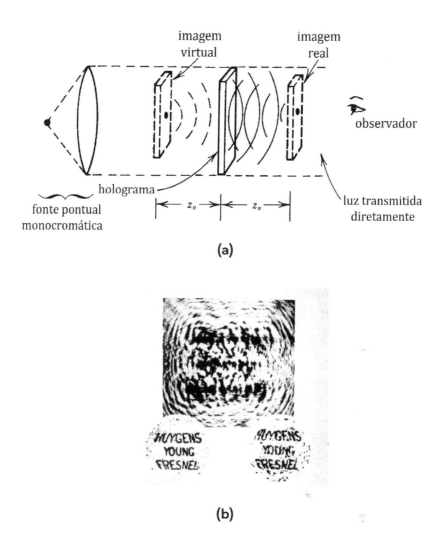

Fig. 2.3 *(a)Sistema óptico utilizado na reconstrução da imagem a partir de um holograma em linha. Um observador pode perceber o objeto holografado em duas imagens, uma virtual e outra, sobre o mesmo eixo, porém, real; (b) primeira imagem obtida a partir de um holograma em linha. A imagem central apresenta o padrão de interferência gravado, a imagem inferior esquerda contém a transparência original e a inferior direita apresenta a imagem reconstruída. Fonte: [18, 25].*

Nos anos posteriores, entre 1962 e 1964, Leith e Upatnieks [26-28] desenvolveram uma alternativa que resolvia o problema da imagem gêmea e melhorava consideravelmente a qualidade das imagens reconstruídas. Na montagem, cujo esquema é apresentado na Fig. 2.4, foi utilizada uma onda referência que fazia um ângulo oblíquo com a onda objeto. Nessa abordagem, que veio a ser conhecida como holografia fora de eixo[5], as imagens, ao serem reconstruídas, apareciam separadas entre si e da parte não difratada da onda referência por uma distância suficiente para que não houvesse sobreposição. Essa característica resultou em uma redução considerável no nível de ruídos causados pela sobreposição das imagens e permitiu que a informação do objeto pudesse ser isolada das demais, além de permitir a geração de hologramas de objetos que não sejam transparentes ou semitransparentes, requisito obrigatório na holografia em linha de Gabor.

A Fig. 2.5 (a) e (b) contém o esquema utilizado para a reconstrução e um exemplo de imagem obtida utilizando a configuração da Fig. 2.4.

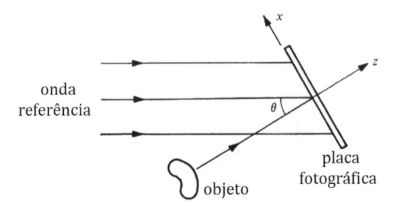

Fig. 2.4 *Sistema óptico utilizado para gravar um holograma fora de linha (off-axis). Fonte: [25].*

---

5   Do inglês, *off-axis*.

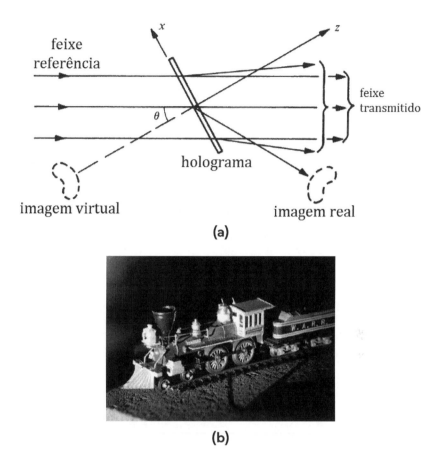

Fig. 2.5 *(a)Sistema óptico utilizado na reconstrução da imagem a partir de um holograma fora de linha; (b) exemplo de imagem reconstruída a partir de um holograma fora de linha. Fonte: [25].*

Na Fig. 2.5 (b) fica evidente a melhora na qualidade com a separação espacial entre as imagens reconstruídas e o termo central de difração.

Em 1965, proporcionada pelos avanços anteriores, surgiu a Interferometria Holográfica. Introduzida por Powell, Stetson [29, 30] e mais tarde abordada por Heflinger [31] entre outros, ao avaliar a interferência entre duas frentes de onda holograficamente reconstruídas e superpostas, a técnica permitia medições na variação de superfícies com precisão de décimos de micrômetros [32-34].

Dois anos mais tarde, com o desenvolvimento da tecnologia computacional, Goodman e Lawrence apresentaram a reconstrução numérica de imagens a partir de hologramas. No trabalho publicado em 1967 [35], eles digitalizaram um holograma tradicional gerado por meios ópticos e, com a utilização de técnicas numéricas, reconstruíram a imagem holográfica. O método, que posteriormente foi aperfeiçoado por Yaroslavskii et al. [36], representou um avanço na área, uma vez que os hologramas, agora digitalizados, poderiam ser filtrados, processados e manipulados de formas inviáveis aos tradicionais filmes fotográficos.

Apesar dos avanços na área, foi na década de 90 que houve um salto significativo nas pesquisas. Schanars e Juptner [37], em um trabalho vanguardista que ocasionou a mudança do paradigma vigente [38, 39], apresentaram o que veio a ser conhecida como Holografia Digital (HD). Eles realizaram a gravação e o processamento dos hologramas sem nenhum meio fotográfico intermediário. O padrão de interferência entre os feixes objeto e referência foi armazenado diretamente em um dispositivo CCD[6] e a reconstrução foi realizada numericamente com base na teoria escalar de difração [6].

Quando comparado com a holografia tradicional, a HD possui inúmeras vantagens que a tornam um método utilizado até os dias atuais. Dentre as que podemos destacar, a mais relevante é o fato da imagem reconstruída digitalmente possuir valores complexos, ou seja, as informações de intensidade e fase estão disponíveis para análise. Desse modo, é possível obter a forma tridimensional de objetos com base na reconstrução numérica de um único holograma registrado [40].

---

6   Do inglês, *Charge Coupled Device* ou Dispositivo de Carga Acoplada.

Além disso, o curto tempo necessário para registro, quando comparado aos filmes fotossensíveis [41, 42], as possibilidades de armazenamento, transporte, processamento, filtragem de ruídos e durabilidade propiciados pelo formato digital, fizeram da HD uma área promissora da qual foram originadas muitas aplicações - tais como a metrologia holográfica de deformações e vibrações [43], a microscopia holográfica digital [1, 44], o imageamento por contraste de fase quantitativo para células biológicas [45], o rastreamento (*tracking*) de partículas [3, 46, 47], a perfilometria holográfica digital [2, 48] e a codificação holográfica [49].

Como forma de apresentar uma visão geral da teoria sobre a holografia, nos próximos subcapítulos serão abordadas as concepções das montagens em linha, fora de linha e de Fourier. Além disso, como a holografia digital é um dos métodos centrais na discussão do atual trabalho, será apresentada uma visão geral, com enfoque teórico e experimental, além de vantagens, desvantagens e os aspectos técnicos relevantes a serem considerados para a otimização da técnica. Também serão discutidos os métodos de reconstrução digital por Transformação de Fresnel, Espectro Angular e Holografia Digital de Fourier sem lentes, além de algumas técnicas de magnificação holográfica digital.

2.1 A HOLOGRAFIA CLÁSSICA

Neste subcapítulo serão apresentados princípios gerais da holografia aplicados a técnicas tradicionais para registro do holograma e reconstrução do campo luminoso. Serão abordados os aspectos teóricos e conceituais das montagens em linha e fora de linha, bem como algumas de suas vantagens e desvantagens.

A holografia em linha de Gabor

Conforme apresentado anteriormente, a montagem de holografia em linha se caracteriza pela coincidência entre os eixos ópticos dos feixes referência e objeto. Sua principal vantagem está na simplicidade da configuração necessária ao registro do holograma e na reconstrução da imagem, além de permitir o trabalho com fontes de luz de baixa coerência.

O sistema óptico da Fig. 2.2, reproduzida abaixo para maior clareza, representa o esquema proposto por Gabor em seu experimento original.

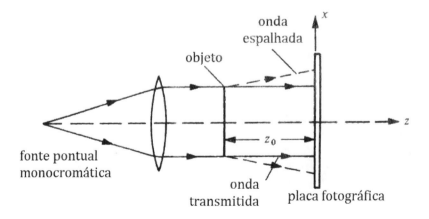

Fig. 2.2 *Sistema óptico utilizado para gravar um holograma em linha. Fonte: [25].*

Na montagem, uma transparência contendo pequenas linhas opacas em um fundo transluzente é iluminada por um feixe coerente e colimado de luz monocromática cujo eixo óptico é perpendicular ao plano do filme fotográfico.

O filme encontra-se a uma distância z_0 do objeto, na direção paralela ao plano que contém os eixos x, y e é sensível à intensidade do campo luminoso sobre sua superfície.

A luz incidente no filme é composta por duas componentes. A primeira está relacionada à onda transmitida diretamente, ou seja, que não interagiu com as linhas opacas. Esta é comumente chamada de onda referência. Trata-se de uma onda, geralmente plana, cujas amplitude e fase não variam ao longo das direções x e y, de modo que possamos representá-la por uma constante real r. A segunda componente, relacionada à onda espalhada ao interagir com as linhas, é nomeada onda objeto. Esta possui uma amplitude complexa que varia ao longo das direções x e y, e pode ser representada pela Eq. (2.1) como:

$$o(x,y) = a_o(x,y)exp[i\varphi_o(x,y)], \qquad (2.1)$$

em que $a_o(x,y)=|o(x,y)|$ é a amplitude real do campo sobre a superfície do filme e está relacionada ao brilho ou intensidade luminosa na região e $\varphi_o(x,y)$ é a fase, que possui informação sobre o perfil do objeto.

Devido às características do sistema[7] apresentado, a amplitude complexa da onda objeto incidente no meio de registro holográfico é muito inferior à da onda referência, ou seja, $|o(x,y)| \ll r$.

---

7   No experimento em pauta, o fundo em que as linhas opacas se encontram é transparente, o que faz com que a quantidade da luz espalhada seja muito inferior a da luz não espalhada.

No processo de registro, o filme descarta qualquer informação a respeito da fase do campo incidente. Como se trata de um meio fotossensível, é gravada apenas a variação da intensidade do padrão de interferência em sua superfície, que está relacionada à superposição dos campos r e $o(x,y)$. Esse padrão, no entanto, codifica amplitude e fase dos campos referência e objeto.

Matematicamente, a intensidade $I(x,y)$ na superfície do meio de gravação é proporcional ao módulo quadrado da amplitude do campo complexo, ou seja, $I(x,y) \propto |\Psi_h(x,y)|^2$, em que $\psi_h(x,y)=r+o(x,y)$. Dessa forma, podemos escrever a intensidade $I(x,y)$ sobre cada ponto do filme como:

$$I(x,y)=|r+o(x,y)|^2=r^2+|o(x,y)|^2+ro(x,y)+ro^*(x,y) \qquad (2.2)$$

em que é o $o^*(x,y)$ complexo conjugado de $o(x,y)$.

Em uma segunda etapa, o filme fotográfico com o registro de $I(x,y)$ é utilizado para a geração de uma transparência, ou holograma. Se assumirmos que a amplitude de transmitância dessa transparência é uma função linear da intensidade, podemos definir a função de transmitância $h(x,y)$ do holograma como [25]:

$$h(x,y)= h_0+\beta\,\tau\,I(x,y), \qquad (2.3)$$

em que h_0 representa a transmitância mínima de fundo, τ é o tempo em que o filme foi exposto ao campo luminoso e β é um parâmetro experimental que está relacionado à variação da amplitude de transmitância com a exposição do material à luz e é determinado pela composição física do filme e condições de registro como fotossensibilidade, temperatura e umidade do ar.

Ao substituirmos a Eq. (2.2) na Eq. (2.3), obtemos:

$$h(x,y)= h_0+\beta\,\tau\,[r^2+|o(x,y)|^2+ro(x,y)+ro^*(x,y)]. \qquad (2.4)$$

Neste ponto é possível perceber que o holograma contém a informação do campo espalhado pelo objeto, porém, combinada com a do campo referência.

A reconstrução holográfica trata de recuperar $o(x,y)$ a partir de $h(x,y)$. Para isso, o holograma é iluminado por um feixe de reconstrução com as mesmas características do feixe referência utilizado na gravação. Uma vez que, a menos de uma constante multiplicativa, ambos os feixes são muito similares, por simplicidade definiremos o campo do feixe de reconstrução na superfície do holograma como r.

Ao iluminar o holograma com r, este é modulado pela função de transmitância $h(x,y)$, de modo que o campo transmitido pode ser escrito como $u(x,y)$:

$$u(x,y)= rh(x,y). \qquad (2.5)$$

Ao substituir a Eq. (2.4) na Eq. (2.5), obtemos:

$$\begin{aligned}
u(x,y) &= r\{t_0+\beta\,\tau\,[r^2+|o(x,y)|^2+ro(x,y)+ro^*\,(x,y)]\} \\
&= r(t_0+\beta\,\tau\,r^2\,)+\beta\,\tau\,r\,|o(x,y)|^2+\beta\,\tau\,r^2\,o(x,y) \qquad (2.6) \\
&\quad +\beta\,\tau\,r^2 o^*(x,y)
\end{aligned}$$

em que o primeiro termo $r(t_0+\beta\,\tau\,r^2)$, espacialmente constante, representa uma onda plana correspondente à parte do feixe referência que não foi difratada ao passar pelo holograma.

Uma vez que $|o(x,y)| \ll r$, o segundo termo, $\beta\,\tau\,r\,|o(x,y)|^2$, possui valor muito inferior aos demais e pode ser desconsiderado na análise.

O terceiro termo, $\beta\,\tau\,r^2\,o(x,y)$, a menos do fator real multiplicativo, $\beta\,\tau\,r^2$, que influencia no brilho da imagem, representa com fidelidade o campo complexo inicialmente espalhado pelo objeto. Um observador pode perceber que uma imagem virtual é formada a uma distância z_0 do holograma, ou seja, na posição original em que o objeto se encontrava no momento do registro holográfico.

O quarto termo, $\beta\,\tau\,r^2\,o^*(x,y)$, representa um campo similar ao do terceiro, porém, a imagem é formada a uma distância z_0 em uma posição simétrica em relação ao holograma. Esse termo é responsável pela formação da imagem real (conjugada), construída a partir da convergência dos raios transmitidos, ao invés do prolongamento destes, como ocorre no terceiro termo.

Devido à configuração da montagem, também conhecida como de holografia em linha (*on-axis*), no estágio de reconstrução, os campos são observados simultaneamente sobre o mesmo eixo e um observador, ao focalizar a imagem do objeto, percebe que esta encontra-se degradada pela sobreposição do termo referência não difratado e de uma imagem gêmea conjugada fora de foco, o que dificulta qualquer análise do objeto e se coloca como um dos grandes obstáculos da holografia em linha.

Na Fig. 2.3 (b), apresentada na introdução deste capítulo, é possível perceber os termos referenciados na Eq. (2.6) e o problema das imagens gêmeas.

Além disso, o termo $\beta\,\tau\,r\,|o(x,y)|^2$ foi neglicenciado por ser considerado muito pequeno quando comparado aos demais. Para que isso seja verdade, o objeto holografado deve apresentar uma alta transmitância média de modo a produzir pouca perturbação no campo referência.

As dificuldades apresentadas levaram à formulação de montagens alternativas, como a configuração fora de linha que, ao resolver o problema das imagens gêmeas e permitir a geração de hologramas de objetos com características diferentes das exigidas na configuração em linha, foi uma das responsáveis pela popularização da holografia no meio científico, o que impulsionou o desenvolvimento de inúmeras aplicações.

A Holografia fora de linha

Ao adicionar um ângulo oblíquo θ entre os feixes referência e objeto, Leith e Upatnieks [26-28] conseguiram separar espacialmente a região de formação das imagens da parte não difratada do feixe referência. Essa configuração representou um avanço significativo pois melhorava consideravelmente a qualidade do processo de reconstrução.

No esquema apresentado na Fig. 2.4, reexibida abaixo para maior clareza, o feixe referência, colimado e de intensidade uniforme, propaga-se como uma onda plana cujo vetor de propagação κ aponta na direção que faz um ângulo θ com a direção de propagação do feixe objeto.

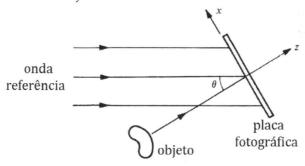

Fig. 2.4 *Sistema óptico utilizado para gravar um holograma fora de linha (off-axis). Fonte: [25].*

Como na superfície do filme fotográfico, a fase do feixe referência varia apenas na direção x, a amplitude complexa $r(x,y)$ da onda referência em qualquer ponto sobre o plano de gravação do holograma pode ser escrita como:

$$r(x,y) = rexp(i2\pi f_x x),\qquad(2.7)$$

em que r é a amplitude real que não varia sob a superfície do filme e $f_x = (sen\theta)/\lambda$ é a chamada frequência portadora espacial do holograma, termo advindo da terminologia utilizada em sistemas de comunicação.

A onda espalhada pelo objeto possui uma amplitude complexa $o(x,y)$ em que tanto a fase quanto a amplitude variam ao longo da direção x,y do plano que contém o filme, de forma que:

$$o(x,y) = |o(x,y)|exp[-i\varphi(x,y)].\qquad(2.8)$$

Analogamente ao que foi definido na holografia em linha do subcapítulo anterior, na atual configuração a intensidade $I(x,y)$ do campo luminoso sobre a superfície do filme pode ser escrita como:

$$\begin{aligned}
I(x,y) &= |r(x,y)+o(x,y)|^2 \\
&= |r(x,y)|^2 + |o(x,y)|^2 \\
&\quad + r|o(x,y)|exp[-i\varphi(x,y)]exp(-i2\pi f_x x) \\
&\quad + r|o(x,y)|exp[i\varphi(x,y)]exp(i2\pi f_x x) \\
&= r^2 + |o(x,y)|^2 + 2r|o(x,y)|cos[2\pi f_x x + \varphi(x,y)].
\end{aligned}\qquad(2.9)$$

No último termo da Eq. (2.9), amplitude e fase da onda objeto estão presentes, porém, codificados em um conjunto de franjas de interferência com frequência espacial f_x. Esse conjunto é portador da informação de fase e amplitude do campo complexo $o(x,y)$, o que justifica que a técnica também seja conhecida como holografia de frequência portadora [50].

A Fig. 2.6 (a) e Fig. 2.6 (b) contêm, respectivamente, um exemplo de holograma fora de linha e a ampliação de uma região, a fim de destacar as franjas de interferência com a frequência portadora f_x.

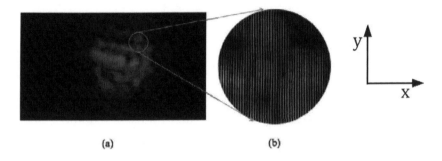

(a)   (b)

Fig. 2.6 *(a) Holograma fora de linha; (b) ampliação da região marcada em vermelho no item (a), destacando o padrão de franjas de interferência com frequência portadora f_x. Fonte: [51].*

Se, como na holografia em linha, considerarmos que o holograma, resultado do filme processado, possui uma função de transmitância $h(x,y)$ que responde linearmente com a intensidade e substituirmos a Eq. (2.9) na Eq. (2.3), obtemos:

$$\begin{aligned}h(x,y) &= h_0 + \beta\,\tau\{r^2 + |o(x,y)|^2 + 2r|o(x,y)|\cos[2\pi f_x x + \varphi(x,y)]\} \\ &= h'_0 + \beta\,\tau\,|o(x,y)|^2 \\ &\quad + \beta\,\tau r|o(x,y)|\exp[-i\varphi(x,y)]\exp(-i2\pi f_x x) \\ &\quad + \beta\,\tau r|o(x,y)|\exp[i\varphi(x,y)]\exp(i2\pi f_x x),\end{aligned} \qquad (2.10)$$

em que $h'_0 = h_0 + \beta\,\tau r^2$ representa uma constante de transmitância de fundo.

Ao iluminar o holograma com o mesmo feixe referência utilizado no processo de gravação, conforme representado na Fig. 2.5, a amplitude complexa da onda transmitida $u(x,y)$ pode ser expressa por:

$$u(x,y) = r(x,y)h(x,y)$$
$$= h'_0 \, r \exp(i2\pi f_x x) + \beta \tau r |o(x,y)|^2 \exp(i2\pi f_x x) \quad (2.11)$$
$$+ \beta \tau r^2 o(x,y) + \beta \tau r^2 o^*(x,y) \exp(i4\pi f_x x)$$

Os dois primeiros termos do lado direito da Eq. (2.11) correspondem à parte do feixe reconstrução diretamente transmitida e constituem o elemento de ordem zero da imagem. O terceiro representa integralmente o campo $o(x,y)$ multiplicado pela fator constante $\beta \tau r^2$ e produz uma imagem virtual do objeto em sua posição original. O quarto termo corresponde a uma imagem conjugada real. Se no momento de gravação do holograma, o ângulo θ entre o feixe referência e o objeto for grande o suficiente, a imagem virtual pode ser separada da ordem zero e da imagem real conjugada.

A Fig. 2.5 (a), reexibida abaixo, apresenta o esquema de reconstrução em holografia fora de linha, em que aparecem as imagens real e virtual.

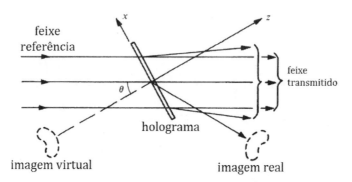

Fig. 2.5 *(a) Sistema óptico utilizado na reconstrução da imagem a partir de um holograma fora de linha. Fonte: [25].*

Na configuração ambas estão localizadas à mesma distância do holograma, porém, em lados opostos. Como a imagem real aparece invertida em relação à virtual, é chamada de pseudoscópica, em oposição à imagem virtual orthoscópica.

Hologramas de Fourier

Diferentemente das abordagens mencionadas anteriormente, na Holografia de Fourier, o padrão no plano do holograma é formado pela interferência entre as amplitudes complexas das ondas referência e objeto após terem passado por uma transformação de Fourier.

Uma de suas principais vantagens é que a imagem reconstruída não é modificada quando o holograma é deslocado na direção de seu plano, uma vez que a translação da função no domínio da posição resulta na adição de um fator de fase em sua transformada de Fourier, o que não afeta a distribuição de intensidade do campo.

A Fig. 2.7 (a) e (b) contém o esquema de gravação e reconstrução de um holograma de Fourier.

Na montagem, o objeto a ser holografado é colocado em uma distância f sobre o plano focal da lente l. O feixe referência provém de uma fonte pontual localizada no mesmo plano focal. A lente pode ser entendida como um transformador de Fourier [52], de forma que a onda referência e a espalhada pelo objeto, ao interferirem entre si no plano $\Sigma(\xi,\eta)$ do filme fotográfico, podem ser modeladas como tendo sido submetidas a uma Transformação de Fourier.

44 OS PRINCÍPIOS GERAIS DA HOLOGRAFIA

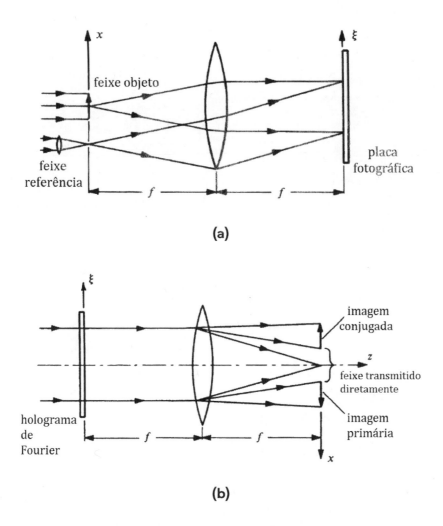

Fig. 2.7 *(a) esquema de montagem para gravação de um holograma de Fourier com lentes; (b) esquema para reconstrução do holograma de Fourier com lentes. Fonte: [25].*

Se no plano focal $\Sigma_0(x,y)$, o campo espalhado pelo objeto possui amplitude complexa $o(x,y)$, em $\Sigma(\xi,\eta)$ obtemos:

$$O(\xi,\eta)=F\{o(x,y)\} \qquad (2.12)$$

Como o feixe referência provém de uma fonte pontual, em $\Sigma_0(x,y)$ sua amplitude complexa pode ser escrita como:

$$r(x,y)=\delta(x+b,y),\qquad(2.13)$$

de modo que em $\Sigma(\xi,\eta)$ obtemos:

$$R(\xi,\eta)=F\{r(x,y)\}=exp(-i2\pi\xi b).\qquad(2.14)$$

A intensidade do padrão de interferência na superfície do filme fotográfico, ou seja, em $\Sigma(\xi,\eta)$, pode ser calculada pela relação $I(\xi,\eta)\propto|O(\xi,\eta)+R(\xi,\eta)|^2$ conforme a Eq. (2.15) abaixo:

$$
\begin{aligned}
I(\xi,\eta)&=|O(\xi,\eta)+R(\xi,\eta)|^2=(O(\xi,\eta)+R(\xi,\eta)(O(\xi,\eta)+R(\xi,\eta))^*\\
&=|O(\xi,\eta)|^2+O(\xi,\eta)exp(i2\pi\xi b)\\
&+O^*(\xi,\eta)exp(-i2\pi\xi b)+1
\end{aligned}\qquad(2.15)
$$

A imagem do objeto pode ser reconstruída ao colocar a lente l a uma distância f do holograma e iluminá-lo com um feixe colimado de luz monocromática, conforme apresentado na Fig. 2.7 (b).

Se considerarmos que o holograma possui uma função de transmitância $H(\xi,\eta)$ que responde linearmente com a intensidade,

$$H(\xi,\eta)=h_0+\beta\tau I(\xi,\eta)\qquad(2.16)$$

e, por simplicidade, escrevermos a onda incidente no holograma com amplitude unitária, de modo que $R(\xi,\eta)=r=1$, a amplitude complexa $U(\xi,\eta)$ da onda transmitida pelo holograma pode ser escrita como:

$$U(\xi,\eta)=R(\xi,\eta)H(\xi,\eta)=H(\xi,\eta). \qquad (2.17)$$

Ao passar pela lente, o feixe transmitido pelo holograma sofre uma Transformação de Fourier de modo que no plano focal, em $\Sigma_R(x,y)$, temos o campo $u(x,y)$ igual a:

$$\begin{aligned}u(x,y)&=F\{U(\xi,\eta)\}\\&=(h_0+\beta\tau)\delta(x,y)+\beta\tau o(x,y)\star o(x,y)+\beta\tau o(x-b,y)\\&\quad+\beta\tau o^*(-x+b,-y)\end{aligned} \qquad (2.18)$$

em que o símbolo ★ entre duas funções denota uma operação de correlação cruzada entre ambas.

O primeiro e segundo termos da Eq. (2.18) correspondem à imagem de um feixe focalizado no eixo óptico da lente, também conhecido como ordem zero ou termo de autocorrelação [53]. O terceiro e quarto termos representam a imagem do objeto e sua conjugada multiplicados por uma constante $\beta\tau$ que influencia apenas em seu brilho.

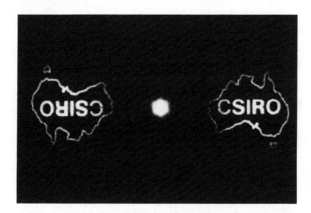

Fig. 2.8 *Resultado da reconstrução de imagem com o método de holografia de Fourier. É possível perceber a separação espacial entre as imagens e o termo central de autocorrelação. Fonte: [25].*

Conforme mostrado na Fig. 2.8, a imagem original do objeto, representada pelo terceiro termo, aparece a uma distância b do eixo óptico, enquanto que a imagem conjugada, rotacionada em 180°, também a uma distância b do eixo óptico, é representada pelo quarto termo da Eq. (2.18).

Além da configuração tradicional, também é possível utilizar uma geometria que produz o mesmo efeito da holografia de Fourier, porém sem a utilização de lentes para a gravação do holograma. No próximo subcapítulo, reservado à holografia digital, esta técnica será apresentada.

2.2 A HOLOGRAFIA DIGITAL

Desde de sua criação na década de 90, a holografia digital (HD) é pesquisada e explorada até os dias atuais [54-56]. Ao utilizar sensores CCD ou CMOS como meio de registro da intensidade do campo óptico em substituição aos filmes fotográficos, a HD trouxe consideráveis vantagens quando comparada à convencional. O curto tempo de aquisição necessário ao registro do holograma e reconstrução da imagem, com potencial para viabilizar a holografia em tempo real [57, 58]; a facilidade de manuseio do dados que, por estarem em formato digital, podem ser armazenados, transportados, filtrados e processados para remoção de ruídos de formas inviáveis aos tradicionais filmes fotográficos; a versatilidade das técnicas de processamento que podem ser aplicadas à informação digital; a não deterioração do holograma com a passagem do tempo e talvez a mais relevante: tanto a informação de amplitude quanto de fase de cada ponto da imagem reconstruída estão disponíveis para análise e, dado que estão no domínio digital, podem ser facilmente manipuladas, ao contrário do processo analógico em que a fase deve ser obtida a partir da intensidade do campo óptico.

Com o rápido avanço da tecnologia computacional e dos sistemas de imageamento, inúmeras aplicações em holografia têm se tornado viáveis, porém, como veremos adiante, quando comparada ao meio de registro da holografia tradicional, a resolução dos sensores digitais ainda é pequena, o que limita a largura de banda e consequentemente a qualidade da informação amostrada.

Com o objetivo de otimizar a utilização da largura de banda disponível no sensor, algumas técnicas numéricas de reconstrução têm sido desenvolvidas. De forma geral, esses métodos realizam o cálculo numérico da propagação de uma onda referência ao passar por uma abertura cuja função de transmitância é o holograma. Em termos práticos, é realizada a multiplicação do holograma digital por uma frente de onda referência representada numericamente e, com base no princípio de Huygens-Fresnel, em que cada ponto de uma frente de onda atua como uma fonte secundária de onda esférica de modo que a soma dessas ondas determina a forma da frente de onda em uma posição subsequente, é calculado o campo difratado para obter a distribuição dos valores complexos de fase e intensidade no plano da imagem reconstruída.

A Fig. 2.9 apresenta a geometria de difração do princípio de Huygens-Fresnel.

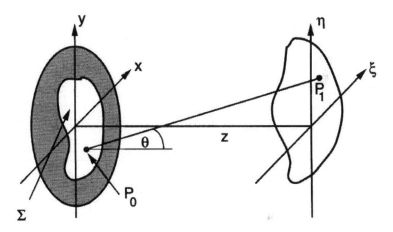

Fig. 2.9 *Representação geométrica da difração de uma onda ao passar por uma abertura. Fonte: [59].*

Uma frente de onda que se propaga na direção positiva[8], ao passar pela abertura $\Sigma(x,y)$ no plano (x,y) é difratada de modo que no plano (ξ,η), a distribuição de amplitudes complexas do campo pode ser calculada com a utilização da integral de Huygens-Fresnel [59], definida como:

---

8 Considerar o sistema de eixos dextrogiro.

$$U(P_1) = \frac{1}{i\lambda} \iint_{\Sigma} U(P_0) \frac{exp(ik\rho_{01})}{\rho_{01}} \cos\theta \, ds \qquad (2.19)$$

em que λ é o comprimento de onda do campo difratado, θ é o ângulo entre o vetor $\hat{n}$ normal a $\Sigma(x,y)$, $U(P_1)$ e $U(P_0)$ são as amplitudes complexas nos pontos $P_1(\xi,\eta)$ e $P_0(x,y)$, respectivamente e ρ_{01} é um vetor que aponta de P_0 para P_1 e pode ser escrito como:

$$\rho_{01} = \sqrt{(\xi-x)^2 + (\eta-y)^2 + z^2}. \qquad (2.20)$$

Em todas as aplicações de reconstrução numérica abordadas nesse trabalho, o ângulo θ é muito pequeno e pode ser considerado igual a zero, ou seja, $cos\theta \approx 1$. Ao fazer $U(P_0) = U(x,y) = r(x,y)h(x,y)$ em que $r(x,y)$ é uma onda referência representada numericamente e $h(x,y)$ é o holograma digital, $U(x,y)$ corresponde a uma abertura cuja função de transmitância é o holograma iluminado por uma onda referência. Com essas definições a Eq. (2.19) pode ser reescrita como:

$$U(\xi,\eta) = \frac{1}{i\lambda} \iint_{\Sigma} r(x,y)h(x,y) \frac{exp(ik\rho_{01})}{\rho_{01}} \, dxdy \qquad (2.21)$$

A Eq. (2.21) constitui uma das bases para a reconstrução numérica de hologramas. Como $U(\xi,\eta)$ é uma função complexa, tanto a amplitude quanto a fase do campo estão disponíveis para a análise [60], diferentemente do holografia tradicional em que apenas a informação de amplitude é obtida. Essa propriedade, que constitui uma das vantagens da HD sobre a tradicional, é utilizada em aplicações como as de interferometria holográfica digital.

Mesmo com os constantes avanços computacionais, a implementação da Eq. (2.21) é complexa e custosa em termos de tempo de processamento e consumo de memória. Frente a essa dificuldade, surgiram alternativas com o objetivo de otimizar o cálculo do campo difratado.

Dentre os métodos mais utilizados atualmente, a Aproximação de Fresnel por Fourier e o Método do Espectro Angular (ASM) [56] se destacam por serem apropriados à análise de objetos de tamanhos distintos a curtas e longas distâncias[9].

No método de reconstrução que utiliza ASM, a área do pixel[10] é constante e independe da posição do plano de reconstrução. Dessa forma, a técnica é indicada para trabalho com objetos de pequenas dimensões, pois caso o objeto registrado esteja próximo e possua dimensões maiores que as do CCD a imagem holográfica completa deve ser decomposta em várias subimagens, o que pode representar uma desvantagem em relação a outros métodos.

A técnica de Transformação de Fresnel é indicada ao registro de objetos extensos localizados a grandes distâncias do sensor. Nessa abordagem a área da imagem reconstruída varia com a distância do plano do holograma ao de reconstrução, o que pode produzir alguma dificuldade em aplicações em que o conhecimento sobre o tamanho do objeto seja um fator impactante, por exemplo, nas metrológicas.

Nos próximos subcapítulos serão apresentadas as abordagens de reconstrução por Transformação de Fresnel, o Método do Espectro Angular (ASM) e a Holografia Digital de Fourier sem Lentes, amplamente utilizadas por serem apropriadas em reconstruções de objetos holografados a longas e curtas distâncias.

---

9   No escopo deste trabalho, os termos curta e longa distância terão como critério para a classificação de um campo como distante ou próximo, o parâmetro limite de Fresnel, o qual será explicado mais adiante.

10   No caso da holografia digital, o *pixel* pode ser entendido como o elemento fundamental do espaço de representação das imagens.

52 OS PRINCÍPIOS GERAIS DA HOLOGRAFIA

Também serão abordados alguns aspectos técnicos e limitações físicas da utilização de sensores para amostragem do padrão de interferência na conversão da informação analógica em digital.

Reconstrução por transformação de Fresnel

A Eq. (2.20), que representa o vetor distância ρ_{01} entre os pontos $P_0(x,y)$ e $P_1(\xi,\eta)$, ao ter os seus termos rearranjados, pode ser reescrita como:

$$\rho_{01}=\sqrt{(\xi-x)^2+(\eta-y)^2+z^2} = z\sqrt{\frac{(\xi-x)^2}{z^2}+\frac{(\eta-y)^2}{z^2}+1} \qquad (2.22)$$

Nos casos em que a distância z entre a abertura ou holograma e o plano de reconstrução são muito maiores que os valores das coordenadas ξ, η, x e y, com base na expansão binomial $\sqrt{(a+1)}=1+\frac{1}{2}a-\frac{1}{8}a^2+...$, a Eq. (2.22) pode ser escrita como:

$$\rho_{01}= z+\frac{(\xi-x)^2}{2z}+\frac{(\eta-y)^2}{2z}-\frac{1}{8}\frac{[(\xi-x)^2+(\eta-y)^2]^2}{z^3}+... \qquad (2.23)$$

Se o quarto termo da Eq. (2.23) for pequeno quando comparado ao comprimento de onda λ do campo difratado [61], ou seja:

$$\frac{1}{8}\frac{[(\xi-x)^2+(\eta-y)^2]^2}{z^3}\ll\lambda \qquad (2.24)$$

ρ_01 pode ser escrito como:

$$\rho_{01}\cong z+\frac{(\xi-x)^2+(\eta-y)^2}{2z}. \qquad (2.25)$$

Ao utilizar a Eq. (2.25) na Eq. (2.21) e, com uma aproximação adicional, substituir o denominador da expressão por z, a integral de Fresnel-Kirchof pode ser reescrita como:

$$U(\xi,\eta)= \frac{1}{i\lambda z}\int\int_{-\infty}^{\infty} r(x,y)h(x,y)exp\left(\frac{i2\pi z}{\lambda}\right)$$
$$\times exp\left\{\frac{i\pi}{\lambda z}[(\xi\text{-}x)^2+(\eta\text{-}y)^2]\right\} dxdy. \qquad (2.26)$$

Ao desenvolver os termos da Eq. (2.26), obtém-se:

$$U(\xi,\eta)=\frac{1}{i\lambda z}\, exp\left(\frac{i2\pi z}{\lambda}\right)exp\left[\frac{i\pi}{\lambda z}(\xi^2+\eta^2)\right]\int\int_{-\infty}^{\infty} r(x,y)h(x,y)$$
$$\times exp\left[\frac{i\pi}{\lambda z}(x^2+y^2)\right]exp\left[-\frac{i2\pi}{\lambda z}(\xi x+\eta y)\right]dxdy. \qquad (2.27)$$

A Eq. (2.27) é conhecida como Aproximação de Fresnel ou Transformação de Fresnel e possibilita o cálculo do campo luminoso propagado por uma distância z. A intensidade $I(\xi,\eta)$ e a fase $\phi(\xi,\eta)$ do campo podem ser obtidas pelas relações:

$$I(\xi,\eta)=|U(\xi,\eta)|^2$$
$$\varphi(\xi,\eta)=tan^{-1}\left\{\frac{Im[U(\xi,\eta)]}{Re[U(\xi,\eta)]}\right\} \qquad (2.28)$$

em que *Im, Re* e **tan**$^{-1}$ são operadores que retornam, respectivamente, a parte imaginária, real e o arcotangente em radianos do argumento da função.

Se, por conveniência, for realizada uma mudança de variável na forma [62],:

$$u = \frac{\xi}{\lambda z} \quad e \quad v = \frac{\eta}{\lambda z}, \tag{2.29}$$

a Eq. (2.27) pode ser escrita como:

$$U(u,v) = \frac{1}{i\lambda z} exp\left(i\frac{2\pi z}{\lambda}\right) exp[i\pi \lambda z(u^2+v^2)]$$

$$\times \iint_{-\infty}^{\infty} r(x,y)h(x,y)exp\left[\frac{i\pi}{\lambda z}(x^2+y^2)\right]exp[-i2\pi(ux+vy)]dxdy. \tag{2.30}$$

A comparar com as expressões para a Transformação Bidimensional de Fourier e sua inversa:

$$F\{t(x,y)\} = T(u,v) = \iint_{-\infty}^{\infty} t(x,y)exp[-i2\pi(ux+vy)]dxdy;$$

$$F^{-1}\{T(u,v)\} = t(x,y) = \iint_{-\infty}^{\infty} T(u,v)exp[i2\pi(ux+vy)]dudv, \tag{2.31}$$

percebe-se que a Transformação de Fresnel pode ser interpretada como a Transformação de Fourier da função $t(x,y) = r(x,y)h(x,y)$ $exp[i\pi/\lambda z(x^2+y^2)]$, ou seja:

$$U(u,v) = \frac{1}{i\lambda 2} exp\left(i\frac{2\pi z}{\lambda}\right) exp[i\pi \lambda z(u^2+v^2)]$$

$$\times F\left\{r(x,y)h(x,y)exp\left[\frac{i\pi}{\lambda z}(x^2+y^2)\right]\right\}. \tag{2.32}$$

Como na holografia digital o espaço de representação é discretizado, ao converter a informação analógica, o CCD faz uma amostragem do campo luminoso em um conjunto de píxeis com dimensões Δx e Δy que correspondem às dimensões de um único sensor da matriz de sensores da câmera. A informação resultante desse processo, o holograma digital, é representado por uma matriz $H_{k \times l}$ com $K \times L$ elementos, que é tratada pela maior parte dos algoritmos como uma imagem digital.

Considerando que uma coordenada do plano que contém holograma digital pode ser definida como $k\Delta x$ e $l\Delta y$, com k e l sendo índices inteiros positivos que correspondem a cada pixel do holograma, e uma coordenada no plano de reconstrução da imagem holográfica que pode ser definida como $m\Delta u$ e $n\Delta v$, com m e n, também inteiros positivos, que correspondem a cada pixel da imagem reconstruída, a Eq. (2.30) pode ser representada, em forma discreta, como:

$$U(m,n)= \frac{1}{i\lambda z}\, exp[i\pi\,\lambda z(m^2\Delta u^2+n^2\Delta v^2)]$$

$$\times\sum_{k=0}^{M-1}\sum_{l=0}^{N-1}\left\{ r(k,l)h(k,l)exp\left[\frac{i\pi}{\lambda z}(k^2\Delta x^2+l^2\Delta y^2)\right] exp[-i2\pi(k\Delta x m\Delta u \right. \tag{2.33}$$

$$\left. +l\Delta y n\Delta v)]\right\}.$$

para $m=0,1,\cdots,M\text{-}1$ e $n=0,1,\cdots,N\text{-}1$.

Ao utilizar a definição de Fourier para intervalos de frequência:

$$\Delta u= \frac{1}{M\Delta x} \quad \text{e} \quad \Delta v= \frac{1}{N\Delta y} \tag{2.34}$$

e substituir a Eq. (2.29) na Eq. (2.34), chega-se a relação:

$$\Delta\xi = \frac{\lambda z}{M\Delta x} \quad e \quad \Delta\eta = \frac{\lambda z}{N\Delta y}. \tag{2.35}$$

A Eq. (2.35) estabelece uma proporção entre as dimensões $\Delta\xi$ e $\Delta\eta$ dos píxeis no plano de reconstrução e a distância z ao plano de gravação do holograma. Essa relação torna recomendável a utilização de objetos com pequenas dimensões para que, ao reconstruir a imagem, o objeto permaneça na região de visualização.

Ao utilizar a Eq. (2.35) na Eq. (2.33), obtém-se:

$$U(m,n) = \frac{1}{i\lambda z} exp\left[i\pi\lambda z\left(\frac{m^2}{m^2\Delta x^2} + \frac{n^2}{n^2\Delta x^2}\right)\right]$$

$$\times \sum_{k=0}^{M-1}\sum_{l=0}^{N-1}\left\{r(k,l)h(k,l)exp\left[\frac{i\pi}{\lambda z}(k^2\Delta x^2 + l^2\Delta y^2)\right]exp\left[-i2\pi\left(\frac{km}{M} + \frac{ln}{N}\right)\right]\right\}. \tag{2.36}$$

para $m = 0,1,\cdots,M\text{-}1$ e $n = 0,1,\cdots,N\text{-}1$.

A Eq. (2.36) é conhecida como Transformação Discreta de Fresnel. O fator antes da soma afeta apenas a fase global e pode ser desconsiderado se o objetivo for analisar a informação de intensidade. Além disso, ao averiguar o termo de soma, é possível perceber que o cálculo pode ser realizado pela Transformação de Fourier do termo $r(k,l)h(k,l)exp[i\pi/\lambda z(k^2\Delta x^2 + l^2\Delta y^2)]$. O procedimento geralmente é realizado por um algoritmo de Transformação Rápida de Fourier (FFT[11]), o que simplifica, agiliza a reconstrução da imagem e produz como resultado uma matriz $U(m,n)$ que, no caso da holografia digital, se traduz como a imagem holográfica reconstruída e vista sob determinada perspectiva.

---

11   Do inglês, *Fast Fourier Transform.*

Reconstrução pelo método do espectro angular

Conforme dito anteriormente, a utilização da fórmula de Huygens-Fresnel para a reconstrução numérica é custosa e trabalhosa. Visando um processamento numérico sem aproximações, porém, mais rápido e eficiente, a abordagem de reconstrução por convolução ou, como também é conhecido na literatura, o Método do Espectro Angular (ASM) foi criado.

A técnica se baseia em uma interpretação alternativa à integral de superposição de Huygens-Fresnel apresentada na Eq. (2.21), que ao ser reescrita como:

$$U(\xi,\eta) = \iint_{-\infty}^{\infty} r(x,y)h(x,y)g(\xi,\eta,x,y)dxdy, \quad (2.37)$$

nos permite definir uma função $g(\xi,\eta,x,y)$ dada por:

$$g(\xi,\eta,\mathrm{x},y)= \frac{1}{i\lambda} \; \frac{exp\left[\frac{i2\pi}{\lambda} \sqrt{z^2+(\xi-x)^2+(\eta-y)^2} \right]}{\sqrt{z^2+(\xi-x)^2+(\eta-y)^2}} \quad (2.38)$$

Matematicamente, o sistema linear pode ser dito invariante no espaço se sua resposta a uma função impulso $g(\xi,\eta,x,y)$ depende somente das diferenças $(\xi-x)$ e $(\eta-y)$ [63]. No caso da holografia temos $g(\xi,\eta,x,y)=g(\xi-x,\eta-y)$, ou seja, o comportamento da função que descreve a imagem reconstruída depende apenas da distância entre os pontos no hologram ao plano de reconstrução. Essa característica permite que a Eq. (2.37) seja interpretada como a convolução do produto $r(\mathrm{x},y)h(\mathrm{x},y)$ com uma função $g'(x,y)$ [63].

Ao aplicar o Teorema da Convolução [63], em que a transformação de Fourier de um produto de Convolução entre duas funções é igual ao produto da Transformação de Fourier dessas funções, ou seja, $F\ [A*B]=F[A]\cdot F[B]$, em que o operador $*$ entre duas funções denota uma operação de convolução e $A,\ B\in R^N$, o campo complexo $U(\xi,\eta)$ pode ser calculado como:

$$U(\xi,\eta)=F^{-1}\{F\ [r(x,y)h(x,y)]\cdot F\ [g'(x,y)]\}. \qquad (2.39)$$

No caso da holografia digital, a função discreta de resposta impulsiva pode ser calculada ao substituir as variáveis contínuas e por e , em que e referem-se às dimensões de um único sensor da matriz de sensores do CCD. Dessa forma, a função de resposta impulsiva do sistema pode ser escrita em sua forma discreta como:

$$g'(m,n) = \frac{1}{i\lambda}\ \frac{exp\left[\ \frac{i2\pi}{\lambda}\ \sqrt{z^2+m^2\Delta x^2+\eta\,\Delta y^2}\ \right]}{\sqrt{z^2+m^2\Delta x^2+\eta\,\Delta y^2}} \qquad (2.40)$$

com $m=0,1,...,M\text{-}1$ e $n=0,1,...,N\text{-}1$.

A Transformação de Fourier de $g'(x,y)$ pode ser calculada analiticamente como:

$$G(f_x,f_y) = exp\left[\ \frac{2\pi z}{\lambda}\ \sqrt{1-\lambda^2 f_x^{\,2}-\lambda^2 f_y^{\,2}}\ \right] \qquad (2.41)$$

Ao substituir as frequências f_x e f_y por suas correspondentes no espaço discreto:

$$f_x=\frac{m}{M\Delta x} \quad e \quad f_y=\frac{n}{N\Delta y'} \qquad (2.42)$$

com $m=0,1,...,M-1$ e $n=0,1,...,N-1$, a transformação discreta de Fourier pode ser representada como:

$$G(m,n)=exp\left[\frac{2\pi z}{\lambda}\sqrt{1-\left(\frac{\lambda m^2}{M\Delta x}\right)-\left(\frac{\lambda n}{N\Delta y}\right)^2}\right] \quad (2.43)$$

o que permite uma redução do custo computacional pois o cálculo de $U(\xi,\eta)$ passa a ser realizado com duas transformações de Fourier, ou seja,:

$$U(m,n)=F^{-1}\{F\,[r(m,n)h(m,n)]\cdot G(m,n)\}. \quad (2.44)$$

Diferentemente do que ocorre na reconstrução por Aproximação de Fresnel, na abordagem que utiliza convolução as dimensões dos píxeis da imagem reconstruída são iguais às do holograma, de modo que:

$$\Delta\xi=\Delta x;$$
$$\Delta\eta=\Delta y. \quad (2.45)$$

Em uma breve análise da Eq. (2.45) percebe-se a razão desse método ser recomendável para objetos próximos ao CCD, uma vez que a resolução da imagem reconstruída é igual à do sensor. Além disso, na aproximação de Fresnel é necessário que o objeto esteja a uma distância mínima do sensor, dada pela relação:

$$z_{min}\gg\left(\sqrt[3]{\frac{1}{8}\frac{[M^2\Delta x^2+N^2\Delta y^2]^2}{\lambda}}\right) \quad (2.46)$$

definida após o rearranjo da Eq. (2.24), enquanto que o ASM não possui distância mínima.

A Holografia Digital de Fourier sem lentes

Um holograma com as mesmas propriedades que o apresentado no subcapítulo de Holografia de Fourier pode ser produzido sem a utilização de lentes. Uma das vantagens do método é a grande resolução lateral e aproveitamento do espectro de frequências espaciais em qualquer ponto sobre a área do CCD [64].

Na configuração, apresentada na Fig. 2.10, o holograma é obtido pela interferência entre as ondas objeto e referência de caráter esférico que, por possuírem curvatura similar, produzem um padrão semelhante ao de ondas planas que passaram por uma lente [65].

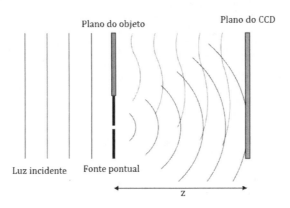

Fig. 2.10 *Esquema de registro da holografia digital da Transformação de Fourier sem lentes.*

Na montagem, o objeto é colocado a uma distância z, do plano x,y que contém o CCD, suficiente para que a Aproximação de Fresnel seja válida. Dessa forma, a onda referência incidente, cuja fonte pontual está localizada no mesmo plano do objeto, pode ser escrita como:

$$r(x,y) = \frac{exp\left(-i\frac{2\pi}{\lambda}\rho\right)}{\rho} \qquad (2.47)$$

em que $\rho=\sqrt{(z^2+x^2+y^2)}$ é a distância da fonte a um ponto no plano do CCD. Ao aplicar as aproximações de Fresnel na Eq. (2.47), ou seja, ao fazer $\rho \approx z$ no denominador e $\rho \approx z+(x^2+y^2)/2z$ na exponencial, $r(x,y)$ pode ser escrita como:

$$r(x,y)= \frac{exp\left(-i\,\dfrac{2\pi}{\lambda}\,\rho\right)exp\left(-i\,\dfrac{\pi}{\lambda z}(x^2+y^2)\right)}{z} \qquad (2.48)$$

No processo de reconstrução, ao utilizar a aproximação para $r(x,y)$ na Transformação de Fresnel, ou seja, ao substituir a Eq. (2.48) na Eq. (2.27), obtém-se:

$$U(\xi,\eta)= \frac{1}{i\lambda z^2}exp\left[\frac{i\pi}{\lambda z}(\xi^2+\eta^2)\right]$$
$$\times \iint_{-\infty}^{\infty} h(x,y)exp\left[-i\frac{i\pi}{\lambda z}(\xi x+\eta y)\right]dxdy, \qquad (2.49)$$

que representa a onda difratada pelo holograma. O efeito do fator de fase associado à Eq. (2.27) foi eliminado da Eq. (2.49) pelo uso de uma onda referência de mesma curvatura.

Ao realizar, por conveniência, as substituições

$$u=\frac{\xi}{\lambda z} \quad e \quad v=\frac{\eta}{\lambda z} \qquad (2.50)$$

e utilizá-las na Eq. (2.49), a expressão que descreve a onda difratada pelo holograma pode ser escrita como:

$$U(u,v)=Cexp[i\pi\lambda z(u^2+v^2)]\int\!\!\!\int_{-\infty}^{\infty}h(x,y)exp[-i2\pi(ux+vy)]dxdy \quad (2.51)$$

com $C=1/(i\lambda z^2)$.

Ao comparar a Eq. (2.51) com as expressões para a transformação de Fourier (Eq. (2.31)), percebe-se que o processo de reconstrução da imagem $U(u,v)$ a partir do holograma $h(x,y)$ pode ser realizado pelo cálculo de uma simples transformação de Fourier do holograma, ou seja:

$$U(u,v)=Cexp[i\pi\lambda z(u^2+v^2)]F\{h(x,y)\}. \quad (2.52)$$

Como o domínio de representação da informação é o digital, em um raciocínio análogo ao apresentado no subcapítulo dedicado à transformação de Fresnel, a Eq. (2.52) pode ser representada de forma discreta como:

$$U(m,n) = Cexp\left[i\pi\lambda z\left(\frac{m^2}{m^2\Delta x^2} + \frac{n^2}{n^2\Delta x^2}\right)\right]$$

$$\times \sum_{k=0}^{M-1}\sum_{l=0}^{N-1}\left\{h(k,l)exp\left[-i2\pi\left(\frac{km}{M} + \frac{ln}{N}\right)\right]\right\}. \quad (2.53)$$

para $m=0,1,\cdots,M-1$ e $n=0,1,\cdots,N-1$.

ou

$$U(m,n)=\beta(m,n)F\{h(k,l)\} \quad (2.54)$$

em que o fator:

$$\beta(m,n) = C exp\left[i\pi\lambda z\left(\frac{m^2}{m^2\Delta x^2} + \frac{n^2}{n^2\Delta x^2}\right)\right] \quad (2.55)$$

é um fator de fase global que pode ser negligenciado se o interesse está apenas na intensidade da imagem reconstruída ou na diferença de fase entre dois hologramas registrados com o mesmo comprimento de onda.

Assim como na representação discreta da transformação de Fresnel, m e n são índices inteiros positivos que correspondem a cada pixel da imagem reconstruída; k e l, também inteiros positivos, são índices que correspondem a cada pixel do holograma registrado e Δx e Δy correspondem às dimensões horizontal e vertical, respectivamente, de um único sensor da matriz de sensores do CCD. A Eq. (2.54) pode ser calculada numericamente com o auxílio de um algoritmo de Transformação Rápida de Fourier (FFT). Dentre todos os processos apresentados, este é o mais simples e que exige menor quantidade de recursos computacionais.

2.3 ASPECTOS TÉCNICOS RELEVANTES EM HOLOGRAFIA DIGITAL

Como qualquer sistema experimental, na holografia digital diversas variáveis físicas têm que ser consideradas a fim de eliminar interferências e obter, dentro dos limites teóricos e técnicos impostos, o melhor resultado possível.

A eliminação de ruídos e o maior aproveitamento de informação útil disponível são objetivos buscados a fim de melhorar a qualidade dos hologramas obtidos e aumentar a disponibilidade de detalhes da imagem holográfica reconstruída.

Nos próximos subcapítulos serão apresentados alguns aspectos técnicos de grande relevância na qualidade dos hologramas obtidos.

O ângulo máximo entre os feixes de gravação do holograma

No processo de conversão de um sinal analógico para digital, uma vez que não é possível analisar um número infinito de pontos, a informação necessita ser amostrada. Para isso, são obtidas amostras do sinal em um intervalo de tempo, a fim de reconstruí-lo no domínio digital.

De acordo com o Teorema da Amostragem proposto por Shannon-Nyquist [66], para que a reconstrução de um sinal possa ser garantida, a frequência de amostragem deve ser, no mínimo, o dobro da maior frequência presente no sinal, ou seja,:

$$f_{NQ} = \frac{f_s}{2} \tag{2.56}$$

ou

$$\Delta T_{NQ} = 2\Delta\xi \tag{2.57}$$

em que f_s é a frequência de amostragem e f_{NQ} é a frequência de Nyquist que representa a máxima frequência que pode ser amostrada sem perda de informação no processo de conversão. A Eq. (2.57) representa, de forma alternativa, a relação proposta na Eq. (2.56) em termos de período do sinal, em que ΔT_{NQ} seria o período mínimo de Nyquist do sinal amostrado e $\Delta \xi$ a separação espacial entre cada amostra. Caso o sinal contenha componentes de frequência superior a f_{NQ} (ou período inferior a ΔT_{NQ}, estas podem não ser corretamente representadas no formato digital, originando um efeito conhecido como *aliasing*[12].

No caso da holografia digital, o CCD utilizado para registro do holograma deve resolver o padrão de interferência resultante da superposição das ondas referência e objeto. Nesse contexto o Teorema da amostragem estabelece que cada período de variação espacial na distribuição de intensidade do padrão de interferência sobre a matriz de sensores deve ser amostrado por, no mínimo, dois píxeis do CCD, dito de outra forma, a diferença de fase do padrão de interferência entre dois píxeis vizinhos deve ser menor ou igual a π.

O espaçamento ΔT entre duas franjas do padrão de interferência a ser resolvido pode ser definido como [67]:

$$\Delta T = \frac{\lambda}{2} \left[sen\left(\frac{\theta}{2}\right) \right]^{-1}, \qquad (2.58)$$

com λ sendo o comprimento de onda e θ o ângulo entre a direção de propagação da frente de onda dos feixes referência e objeto.

---

12   No caso do espaço bidimensional de representação do holograma digital e da imagem holográfica reconstruída, o *aliasing* é um efeito de serrilhado que prejudica o reconhecimento da informação amostrada.

Para um pixel do CCD com dimensão $\Delta\xi$ na direção de variação do padrão de interferência, a Eq. (2.57) implica que:

$$2\Delta\xi < \Delta T. \tag{2.59}$$

Ao substituir a Eq. (2.59) na Eq. (2.58), obtém-se:

$$\Delta\xi < \frac{\lambda}{4}\left[sen\left(\frac{\theta}{2}\right)\right]^{-1}, \tag{2.60}$$

A Eq. (2.60) estabelece uma relação entre a dimensão dos píxeis do CCD e o ângulo máximo entre os feixes que interferem entre si.

Na holografia tradicional, as emulsões fotográficas possuem resolução de milhares de pares de linhas por milímetro. Com isso, podem ser registrados hologramas com ângulo de até 180° entre os feixes referência e objeto. No entanto, na holografia digital, as dimensões de um sensor do CCD são da ordem de alguns micrômetros, o que limita o ângulo θ entre os feixes a alguns poucos graus. Nesse caso, ao utilizar a aproximação $sen\,\theta \approx \theta$, a Eq. (2.60) pode ser reescrita como:

$$\theta < \frac{\lambda}{2\Delta\xi} \tag{2.61}$$

Em holografia digital, a Eq. (2.61), que relaciona o máximo ângulo entre os feixes referência e objeto com a dimensão dos píxeis do CCD, deve ser atendida para que o Teorema da Amostragem não seja violado e o campo possa ser posteriormente reconstruído com mínima perda de informação.

Ademais, é interessante observar que, além de uma limitação ao ângulo entre os feixes, como veremos no próximo subcapítulo, o tamanho finito das dimensões dos sensores do CCD resulta na filtragem de componentes de alta frequência no registro do holograma.

As dimensões dos sensores do CCD e a perda de resolução por filtragem de frequência

Conforme dito, um CCD consiste em uma matriz de sensores com dimensões Δx e Δy que registram a intensidade da luz projetada sobre sua superfície.

Cada sensor da matriz, localizado na posição $(m\Delta x, n\Delta y)$ com m e n inteiros de modo que $m=0,\cdots,M\text{-}1$ e $n=0,\cdots,N\text{-}1$, sendo M e N o número de sensores do CCD nas direções horizontal e vertical, respectivamente; registra a intensidade da luz incidente de comprimento de onda λ, com uma eficiência que pode ser descrita por uma função de resposta de pixel (PRF^{13}) P_{RF} $(x\text{-}m\Delta x, y\text{-}n\Delta y; \lambda)$ que varia de zero a um. Com isso, a intensidade luminosa total $I(m,n;\lambda)$ registrada por um sensor pode ser descrita matematicamente como [68]:

$$I(m,n;\lambda)=\int_{-\infty}^{\infty}\int_{-\infty}^{\infty}I_F(x,y;\lambda)\,P_{RF}(x\text{-}m\Delta x,y\text{-}n\Delta y;\lambda)dxdy \quad (2.62)$$

em que I_F $(x,y;\lambda)$ representa a distribuição de luz incidente sobre o sensor.

Como exemplo, a Fig. 2.11 apresenta a PRF de um sensor de uma câmera Kodak KAF4200 com array de 2048x2048 píxeis, iluminado por uma luz com comprimento de onda $\lambda=488nm$.

---

13   Do inglês, *Pixel Response Function.*

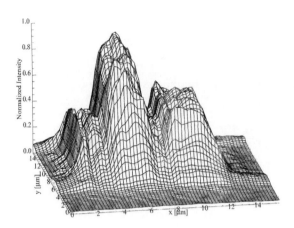

Fig. 2.11 *PRF, medida experimentalmente, de sensor de uma câmera Kodak KAF4200 com array de 2048x2048 píxeis, iluminado por uma luz com comprimento de onda. Fonte: [68].*

A não uniformidade no perfil da função se deve a variações intrapixel ocasionada por fatores como a difusão de cargas antes do registro ou incidência de fótons em regiões com pouca sensibilidade à luz.

Em configurações experimentais cada sensor do array do CCD possui uma PRF distinta, no entanto, uma análise com tal nível de fidelidade é impraticável sob o ponto de vista da óptica de Fourier. Para tornar a abordagem do problema plausível, é razoável considerar que todos os píxeis do array possuem a mesma PRF, de modo que, com base na Eq. (2.62), o sinal discreto resultante $W(m,n)$, para um mesmo λ, pode ser entendido como resultado da convolução do sinal contínuo $I_F(x,y)$ pela PRF e posteriormente amostragem na posição $(m\Delta x, n\Delta y)$ por uma função pente $\Pi(x,y)$, conforme a Eq. (2.63):

$$W(m,n) = [I_F(x,y) * P_{RF}(x,y)] \cdot \Pi(x,y) \quad (2.63)$$

em que $\Pi(x,y) = \sum_{m=0}^{M-1} \sum_{n=0}^{N-1} \delta(x-m\Delta x)\delta(y-n\Delta y)$ e foi utilizada a propriedade da função pente $f(x,y) \cdot \Pi(x,y) = k(m,n)$.

Em termos práticos, a $P_{RF}(x,y)$ pode ser aproximada, dentre outras funções, por uma gaussiana, $P_{RF}(x,y) \approx g_a(x,y)$, de forma que a imagem $W(m,n)$ pode ser representada no espaço discreto de frequências como:

$$\tilde{W}(m,n) = F(W(m,n)) = [\tilde{I}_F(f_x, f_y) \cdot G(f_x, f_y)] * \tilde{\Pi}(f_x, f_y) \quad (2.64)$$

em que $\tilde{I}_F(f_x, f_y)$, $G(f_x, f_y)$ e (f_x, f_y) representam, respectivamente, a transformação de Fourier de $I_F(x,y)$, $g_a(x,y)$ e $\tilde{\Pi}(x,y)$.

Como a transformação de Fourier de uma função gaussiana também é uma gaussiana, o produto $\tilde{I}_F(f_x, f_y) \cdot G(f_x, f_y)$, na Eq. (2.64), pode ser entendido como uma filtragem de frequências do tipo passa-baixa que acarreta perda de informação do sinal original. Dessa forma, o fato dos sensores da matriz do CCD possuirem tamanho finito, produz um efeito semelhante à convolução da informação original por uma função gaussiana que reduz sua resolução e, no caso de imagens, é visto como um embaçamento[14], conforme mostrado na Fig. 2.12, abaixo.

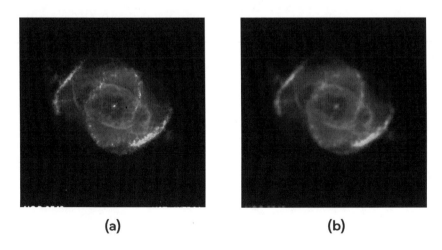

(a)   (b)

Fig. 2.12 *Para efeito de comparação: (a) imagem original, fonte: [69]; (b) imagem após perda de resolução. Ao comparar (a) e (b), é possível perceber um efeito de embaçamento em (b).*

14   Comumente referenciado na literatura científica como *blur*.

Para exemplificar o efeito apresentado na Eq. (2.63) e Eq. (2.64), a Fig. 2.12 (b) foi produzida a partir do produto de convolução do holograma apresentado na Fig. 2.12 (a) por uma função gaussiana.

Ao comparar as duas imagens, é possível perceber a perda de resolução da Fig. 2.12 (b) em relação à Fig. 2.12 (a). Efeito semelhante ocorre no processo de registro de hologramas digitais por CCDs com posterior reconstrução da imagem holográfica.

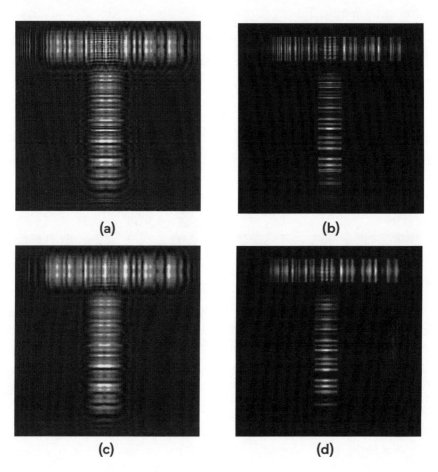

Fig. 2.13 *(a) holograma sintetizado numericamente; (b) valores de intensidade de imagem recostruída a partir de (a); (c) holograma com baixa resolução obtido a partir de (a); (d) valores de intensidade para imagem reconstruída a partir de (c).*

A Fig. 2.13 apresenta um exemplo de perda de resolução da imagem holográfica reconstruída a partir de holograma com baixa resolução.

Ao comparar as imagens apresentadas na Fig. 2.13 (b) e Fig. 2.13 (d), percebe-se que a imagem reconstruída a partir do holograma com menor resolução também possui resolução inferior, o que ratifica a noção de que a perda de resolução no registro do holograma impacta diretamente na resolução do campo reconstruído. Esse efeito se apresenta como um obstáculo técnico à quantidade de informação obtida no processo de reconstrução holográfica.

O termo central de difração

Conforme discutido nos subcapítulos anteriores, em todas as técnicas holográficas apresentadas, a imagem reconstruída apresenta um termo central, conhecido como ordem zero, que corresponde à parte não difratada do feixe referência e prejudica a análise da informação. Na holografia em linha de Gabor, esse efeito é representado pelo primeiro termo da Eq. (2.6) e nas holografias Fora de Linha e de Fourier, pelos dois primeiros termos das Eqs. (2.11) e (2.18) respectivamente.

Como na holografia digital é realizada uma amostragem do que seria o holograma analógico, o termo central pode ser mensurado por vias algoritméticas. A Fig. 2.14 (a) e Fig. 2.14 (b) apresentam um exemplo da imagem reconstruída a partir de um holograma digital de Fourier, antes e depois da utilização de uma técnica de filtragem.

Na Fig. 2.14 (a) o termo de ordem zero prejudica a análise da imagem do objeto, enquanto que na Fig. 2.14 (b), o termo central diminuiu consideravelmente, de forma que mais detalhes podem ser percebidos.

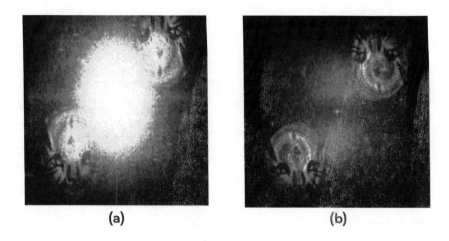

Fig. 2.14 *(a) Imagem obtida a partir de um holograma digital gerado com a técnica de Holografia de Fourier. (b) imagem reconstruída a partir do holograma do item (a), após ter passado por uma filtragem numérica. Fonte: [70].*

Uma das grandes vantagens do método digital é que tanto o holograma quanto a imagem reconstruída podem passar por uma filtragem numérica, o que permite que determinadas características possam ser isoladas, analisadas e até inferidas por métodos inacessíveis à tradicional holografia analógica. Essa possibilidade tem motivado o desenvolvimento de diversas técnicas algorítmicas com o objetivo de minimizar ou mesmo remover o termo de ordem zero.

Um método simples para a diminuição do impacto da ordem zero é gravar separadamente os feixes referência, objeto e o holograma para que em uma etapa posterior, antes da reconstrução do holograma, alguns termos sejam removidos conforme a relação:

$$h'(m,n) = h(m,n) - |r(m,n)|^2 - |o(m,n)|^2. \qquad (2.65)$$

No método, $h'(m,n)$ é o holograma filtrado, $h(m,n)$ é o holograma gravado pelo CCD e $|r(m,n)|^2$ e $|o(m,n)|^2$ são, respectivamente, as intensidades dos feixes referência e objeto, que foram gravados separadamente. A vantagem da técnica é que os termos de interferência do holograma, que contém a informação relevante, podem ser separados numericamente. Como resultado, a imagem reconstruída aparece filtrada com a ordem zero tendo diminuído consideravelmente sua amplitude. A desvantagem é que toda a configuração deve ser isolada de vibrações pois durante a gravação dos feixes não pode haver deslocamento do CCD nem dos feixes.

Outro método que, por sua simplicidade de aplicação algorítmica, pode ser facilmente utilizado é o proposto por Kreis et al. [71]. A técnica consiste na geração de um novo holograma com base na subtração da média de intensidades dos píxeis do holograma original, conforme a relação:

$$h'(m,n)=h(m,n)-\frac{1}{MN}\sum_{k=0}^{M-1}\sum_{l=0}^{N-1}h(m,n), \qquad (2.66)$$

em que M e N correspondem, respectivamente, ao número de linhas e colunas da matriz que representa o holograma digital h(m,n), originalmente gravado pelo CCD.

Além dessas, como já mencionado, foram desenvolvidas outras técnicas que vão desde a combinação entre montagens alternativas em holografia com algoritmos de filtragem a filtragens em outros domínios de representação, como o espaço de frequências após uma transformação de Fourier [70, 72].

Ruídos de leitura no CCD

Como já explicitado, um CCD trabalha convertendo os fótons incidentes sobre seus sensores em elétrons. A quantidade de elétrons gerada, por cada sensor, em determinado intervalo de tempo, serve como parâmetro para a determinação dos valores de intensidade de cada pixel da imagem armazenada.

Devido a fatores físicos como flutuações estatísticas no número de fótons incidentes [73] ou térmicas nos sensores do dispositivo de aquisição [74], os valores de intensidade registrados podem sofrer distorções que são interpretadas como tendo sido causadas por ruídos.

De forma mais ampla, os ruídos relacionados ao processo de registro da informação pelo CCD podem ser classificados como variantes ou invariantes no tempo. Os invariantes são aqueles que tendem a não sofrer alteração significativa de um frame para outro. Dentre esses podemos mencionar o *speckle*, que será abordado de forma mais detalhada no próximo subcapítulo. Os ruídos variantes no tempo dependem do intervalo de tempo de medição e se modificam de um frame para outro, se apresentando como um grande obstáculo na obtenção de imagens em sistemas holográficos diversos como os de imageamento rápido [75] ou em baixa luminosidade [76]. Dentre os variantes no tempo, os de maior incidência em dispositivos CCD, com relevância para a holografia digital, são o ruído térmico [74], o *shot* [73] e, em menor número de aplicações do que os anteriores, o *flicker* [77].

O ruído térmico, também conhecido como ruído de Johnson, foi descoberto em 1928 por J. B. Johnson [78] e tem sua origem na agitação térmica dos portadores de carga em um meio resistivo. Presente nos sensores e outros componentes eletrônicos do CCD, essa agitação produz flutuações na resistência elétrica e, consequentemente, na corrente que percorre os sensores.

Considerando a aplicação de uma corrente, a densidade espectral V_t^2 (T), ou variância na voltagem por hertz, de ruído térmico em um sensor com resistência R pode ser obtida pela Eq. (2.67):

$$V_t^2(T)=4k_BTR \qquad (2.67)$$

em que k_B é a constante de Boltzman em joules por kelvin, R é a resistência efetiva do resistor em *ohms* e T é a temperatura absoluta em kelvins. O fato da densidade espectral possuir potência aproximadamente constante permite que o ruído térmico seja classificado como um ruído branco, i.e., um sinal aleatório com distribuição de probabilidade uniforme. Em aplicações de grande precisão e sensibilidade, em que este tipo de ruído torna-se relevante, pode-se diminuí-lo controlando a temperatura dos equipamentos de medição ou aplicando técnicas de filtragem durante ou após a aquisição dos dados [79].

O ruído shot é causado pela incidência aleatória de fótons sobre os sensores do CCD. Como não é possível estabelecer uma relação de dependência entre os eventos de incidência de cada fóton, a probabilidade de geração de cada fotoelétron[15] no sensor em determinado período de tempo é descrita por uma distribuição de Poisson [80] que, em casos de alta incidência de fótons, pode se aproximada por uma distribuição gaussiana [81] com desvio padrão $\sigma_s = \sqrt{N}$, sendo N o número médio de fótons incidentes em determinado período de tempo. Com isso, a Eq. (2.68) pode ser utilizada para estabelecer uma relação sinal ruído (SNR) simples para o sinal medido:

$$SNR=\frac{N}{\sqrt{N}}=\sqrt{N}. \qquad (2.68)$$

---

15   Termo utilizado para caracterizar elétrons excitados pela incidência de fotons no sensor.

A Eq. (2.68) torna evidente o fato de que quanto maior o número de fótons que incidirem sobre o sensor, menor será a relevância do ruído *shot* no processo de gravação da informação, motivo pelo qual pode-se diminuir a presença desse ruído em CCDs, aumentando o tempo de exposição do sensor à luminosidade ou gerando novas imagens a partir de cálculos estatísticos realizados sobre dados obtidos em múltiplas exposições [79].

Diferentemente do ruído térmico e *shot*, cujas variações aleatórias de amplitudes podem ser descritas por funções de densidade de probabilidade com perfil gaussiano, o ruído *flicker* ou cintilante, predominante em sistemas eletrônicos com baixa frequência temporal de amostragem f, possui uma amplitude que varia na forma $1/f^{\propto}$ com $\propto \approx 1 \pm 0{,}2$. Apresentado por Johnson em 1925 [82], o *flicker* é detectado em uma ampla gama de materiais e dispositivos eletrônicos como junções de dispositivos semicondutores, metais líquidos e filmes metálicos, mas ainda não há uma teoria que abranja o efeito em toda as suas causas.

A Fig. 2.15 apresenta um gráfico com exemplo de amplitude do *flicker* em função de f.

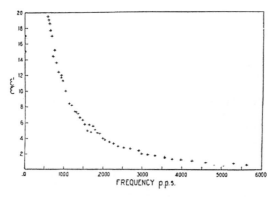

Fig. 2.15 *Gráfico de amplitude normalizada do ruído flicker em função de f (em pulsos por segundo), com valores medidos por Jhonson em 1925 para um filamento condutor em um tubo de vácuo. Fonte: [82].*

Ao observar a Fig. 2.15, percebe-se o rápido crescimento da amplitude do *flicker* com o decréscimo de f.

Em dispositivos CCD, o ruído é gerado por armadilhas eletrônicas decorrentes de imperfeições no silício dos sensores. Essas armadilhas capturam os elétrons e os libertam em intervalos de tempo distintos. Os elétrons capturados agem como obstáculos ao fluxo de corrente no sensor de forma que a superposição desses obstáculos geram estados de interferência que ligam e desligam em intervalos de tempo distintos e produzem um ruído com espectro de amplitude na forma $1/f$.

Apesar de existirem teorias concorrentes para a explicação do efeito [83, 84], Hung et al. [85] apresentam uma expressão unificada para o cálculo da amplitude $I_{fl}^2 (f)$ do flicker em função de f:

$$I_{fl}^2 (f) = \frac{k_B T I_D^2}{\gamma f W L} \left(\frac{1}{N} + \alpha' \, \mu \right) N_T (E_{fn}), \qquad (2.69)$$

em que k_B é a constante de Boltzman, T é a temperatura em kelvins, γ é o coeficiente de atenuação da função de onda do elétron no óxido[16], α' é o coeficiente de espalhamento[17] do elétron, $N_T(E_{fn})$, é o número de armadilhas no nível quasi-Fermi[18], N é o número de portadores de carga livres por unidade de área, L é o comprimento do canal pelo qual a corrente flui e W é a largura do canal, μ é o coeficiente de mobilidade dos elétrons no meio e I_D é a corrente de dreno[19] no semicondutor.

---

16   O coeficiente γ está diretamente relacionado à probabilidade do elétron penetrar no óxido por tunelamento.

17   Pode ser entendido como o resultado de sucessivas colisões elásticas com os átomos vizinhos.

18   Nível que abrange a porção de elétrons que estão nas bandas de condução e valência, ambas em desequilíbrio populacional.

19   A corrente de dreno está relacionada ao fluxo de elétrons entre dois terminais de um material semicondutor, um fonte e outro dreno.

Para diminuir o *flicker*, podem ser utilizadas técnicas tradicionais como filtros de corrente combinados [86] ou mais recentes como filtragens computacionais com base em estimação de ruído [87, 88].

O ruído total presente no processo de aquisição da informação pelo CCD pode ser entendido como a soma do ruído *shot*, térmico e *flicker*. Este ruído de leitura[20] prejudica a qualidade do holograma registrado e, portanto, da imagem holográfica reconstruída.

A Fig. 2.16 apresenta uma comparação de imagens reconstruídas a partir do holograma da Fig. 2.13 (a) com e sem a presença do ruído de leitura.

O holograma da Fig. 2.16 (a) não possui ruído, sendo idêntico ao da Fig. 2.13 (a), enquanto que no da Fig. 2.16 (c) foi adicionado ruído com perfil gaussiano de modo que sua SNR seja igual a 5.

Ao comparar as imagens da Fig. 2.16 (b) e Fig. 2.16 (d) reconstruídas a partir dos hologramas da Fig. 2.16 (a) e Fig. 2.16 (c), respectivamente, é possível perceber o dano que (os ruídos) podem causar na qualidade da informação do campo reconstruído holograficamente.

Por fim, convém mencionar que a utilização de filtros em ruídos de leitura, apesar de efetiva em muitos casos, deve ser feita com cautela pois, ao passo de que parte da informação aquisitada é descartada, características como resolução e contraste podem ser afetadas de forma a prejudicar ou até impossibilitar a análise da informação de interesse.

---

20   O termo ruído de leitura advém do fato de todos os ruídos envolvidos serem inerentes ao processo de registro da informação pelo CCD.

SENSORIAMENTO ÓPTICO COMPRESSIVO **79**

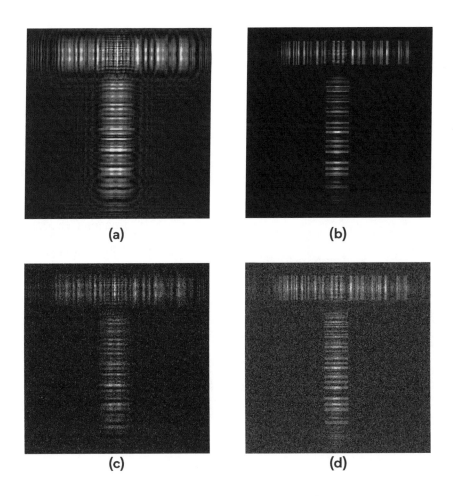

Fig. 2.16 *(a) holograma sintetizado numericamente, sem a presença de ruídos; (b) valores de intensidade para imagem holográfica reconstruída a partir de (a); (c) holograma (a) com adição de ruído gaussiano de forma que o SNR seja igual a 5; (d) valores de intensidade para imagem reconstruída a partir de (c).*

O ruído *speckle*

A maioria das configurações em holografia digital requer uma fonte de luz coerente. Esse tipo de luz, ao incidir sobre superfícies com rugosidades da ordem de seu comprimento de onda, produz uma formação luminosa granular conhecida como *Speckle*; um fenômeno ondulatório causado pela interferência entre as frentes de onda refletidas ou transmitidas difusamente pelo objeto iluminado.

A Fig. 2.17 contém uma representação geométrica do fenômeno que pode ser entendido com o auxílio do princípio de Huygens-Fresnel em que o feixe de luz coerente, com comprimento de onda λ, ao ser refletido pela superfície irregular, produz várias frentes de onda com uma fase inicial aleatória associada à rugosidade da superfície.

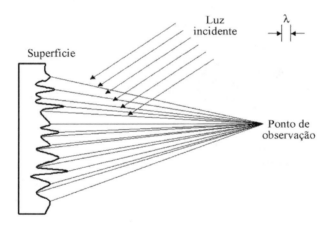

Fig. 2.17 Esquema geométrico de formação do granulado óptico, speckle. Fonte: [89].

Devido à diferença de fase, a superposição dessas frentes em um ponto de observação ocasiona interferência construtiva ou destrutiva manifestada como pontos claros e escuros aleatoriamente distribuídos pela região iluminada.

Apesar de ter aplicação útil em áreas como a interferometria por *speckle* [90], na holografia digital o fenômeno geralmente é entendido como um ruído granular que prejudica a percepção dos detalhes da imagem e corrompe informação útil.

A Fig. 2.18 (a) e (b) contém, respectivamente, um exemplo de imagem holográfica reconstruída sem e com filtragem de *speckle*. A técnica utilizada no exemplo [91] envolveu a geração de um holograma a partir da soma de diversos hologramas gravados por um CCD. O novo holograma, após passar por um processamento numérico estatístico, possibilitou a reconstrução da imagem filtrada do objeto.

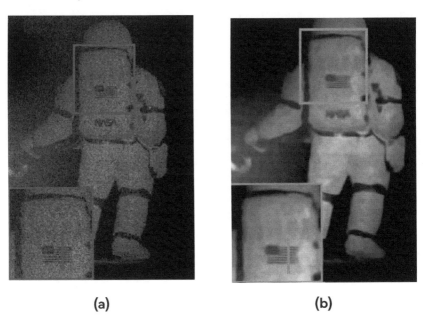

(a) (b)

Fig. 2.18 *Imagens reconstruídas a partir de um holograma de Fourier; (a) sem filtragem de ruído speckle; (b) com filtragem de ruído speckle. Fonte: [91].*

Após a filtragem, a imagem reconstruída não mais apresentou o efeito de granulado óptico, porém, com redução na resolução.

Apesar de haver melhora na qualidade de forma geral, de forma similar aos filtros de ruído de leitura, geralmente há alguma perda de informação que impacta em propriedades como resolução ou contraste. Atualmente existem diversas abordagens, numéricas e experimentais que têm por objetivo reduzir ou eliminar o ruído em holografia digital [92-95], mas até o momento não existe uma técnica capaz de remover o *speckle* ao passo de conservar todas as outras características da imagem.

Tendo abordado a teoria, os métodos, o impacto dos ruídos e alguns aspectos técnicos a serem considerados em holografia digital, no próximo subcapítulo serão abordadas algumas métricas para análise da qualidade da reconstrução holográfica.

2.4. MÉTRICAS PARA ANÁLISE DA QUALIDADE DA RECONSTRUÇÃO HOLOGRÁFICA

A disponibilização da informação em meio digital possibilita sua análise em um nível de detalhamento superior ao disponível no meio analógico. Técnicas de processamento computacional com base em cálculos estatísticos permitem a definição de métricas para a estimação quantitativa de características como ruído, contraste e resolução, o que viabiliza o aprimoramento de ferramentas computacionais para filtragem e tratamento de imagens.

Neste capítulo serão apresentadas algumas dessas técnicas, vastamente utilizadas em processamento digital de imagens e muito úteis em aplicações de holografia digital. Para tal, considere $I_o(m,n)$ como sendo uma imagem original, de dimensões MxN, sem ruídos e a imagem $I_r(m,n)$ como sendo $I_o(m,n)$ acrescido de ruídos quaisquer.

A relação sinal-ruído

Uma das métricas mais conhecidas e utilizadas para a avaliação da quantidade de ruído presente em um sinal é a Relação Sinal-Ruído (SNR[21]) [96], que estabelece uma razão entre a intensidade do sinal e a do ruído presente. Em imagens digitais pode ser calculada pela Eq. (2.70):

$$SNR = \frac{\sum_{m=0}^{M-1} \sum_{n=0}^{N-1} (m,n)^2}{\sum_{m=0}^{M-1} \sum_{n=0}^{N-1} [I_o(m,n) - I_r(m,n)]^2}. \tag{2.70}$$

---

21   Do inglês, *Signal Noise Ratio.*

Dessa forma, quanto maior a similaridade entre a imagem ruidosa e a original, i.e., quanto menor for a quantidade de ruídos em $I_r(m,n)$, maior será o valor adimensional SNR, de modo que é fácil perceber que para $I_r(m,n)$ sem ruídos, temos $SNR \approx \infty$ e $I_r(m,n)$ muito ruidosa, temos $SNR \approx 0$.

Para se aproximar da percepção humana de mudança de intensidade luminosa, com base na lei de Weber-Fechner, que afirma que a resposta a qualquer estímulo é proporcional ao logaritmo da intensidade do estímulo, o SNR também costuma ser representado em escala logarítmica na forma da Eq. (2.71):

$$SNR = 10 \cdot log_{10} \left\{ \frac{\sum_{m=0}^{M-1} \sum_{n=0}^{N-1} (m,n)^2}{\sum_{m=0}^{M-1} \sum_{n=0}^{N-1} [I_o(m,n) - I_r(m,n)]^2} \right\}. \quad (2.71)$$

Neste caso, para quantificar o SNR é utilizada a unidade logarítmica adimensional decibel (dB).

O erro quadrático médio

Outra métrica muito utilizada é a de Erro Quadrático Médio[22] (MSE) [96], definida pela Eq. (2.72),:

$$MSE = \frac{1}{MN} \sum_{m=0}^{M-1} \sum_{n=0}^{N-1} [I_o(m,n) - I_r(m,n)]^2, \quad (2.72)$$

em que quanto menor o valor de MSE, menor a diferença entre $I_o(m,n)$ e $I_r(m,n)$, de forma que pode ser utilizada para avaliar a quantidade de ruídos presente em $I_r(m,n)$.

---

22   Do inglês, *Mean Square Error*.

Apesar de fácil implementação, é importante observar que a MSE atribui peso muito maior para diferenças maiores, o que a torna indicada para análise em situações em que a presença de grandes erros tenha consequência negativa superior a de pequenos erros.

A raíz do erro quadrático médio

Como alternativa à MSE, uma métrica similar, muito utilizada é a Raiz do Erro Quadrático Médio (RMSE[23]) [96], definida pela Eq. (2.73):

$$RMSE = \sqrt{\frac{1}{MN} \sum_{m=0}^{M-1} \sum_{n=0}^{N-1} [I_o(m,n) - I_r(m,n)|^2)} = \sqrt{MSE}, \quad (2.73)$$

que, assim como a MSE, um valor menor representa maior similaridade entre $I_r(m,n)$ e $I_o(m,n)$.

Assim como a MSE, a RMSE possui como desvantagem grande sensibilidade a valores muito discrepantes, de forma que, ao analisar a presença de ruídos, pode informar um valor alto para a imagem ainda que apenas uma pequena porção apresente ruído relevante.

A relação sinal-ruído de pico

A Relação Sinal-Ruído de Pico (PSNR[24]) [96] é definida pela Eq. (2.74),

$$PSNR = 10 \cdot \log_{10}\left(\frac{L^2}{\frac{1}{MN}\sum_{m=0}^{M-1}\sum_{n=0}^{N-1}[I_o(m,n) - I_r(m,n)]^2}\right) = 10 \cdot \log_{10}\left(\frac{L^2}{MSE}\right) \quad (2.74)$$

---

23   Do inglês, *Root Mean Square Error.*
24   Do inglês, *Peak Signal to Noise Ratio.*

em que L é a maior variação entre os valores máximo e mínimo de intensidade da imagem, em níveis de cinza. Também medido em decibéis, o PSNR fornece um parâmetro para analisar a diferença global entre duas imagens, de forma que, quanto maior seu valor, maior a similaridade entre $I_r(m,n)$ e $I_o(m,n)$.

Apesar de muito úteis, a utilização das métricas apresentadas até o momento têm como limitação o fato de medirem apenas a quantidade global de ruído mas não a forma como está distribuído na imagem.

O Índice de Similaridade Estrutural

Imagens de objetos do mundo real, como as obtidas em experimentos de holografia, são altamente estruturadas, i.e., seus píxeis exibem forte dependência espacial que porta informações importantes sobre a estrutura do objeto analisado. Métricas como SNR, PSNR, MSE e RMSE medem apenas a diferença de valor entre os píxeis, sem considerar a estrutura do sinal em que estão localizados.

Baseado no pressuposto de que o sistema visual humano é altamente adaptável à informação estruturada no campo visual, o Índice de Similaridade Estrutural (SSIM[25]), criado por Wang et al. [97-99], propõe uma nova filosofia de análise de qualidade de imagens ao procurar se aproximar da forma como o ser humano percebe as imagens. Diferentemente das métricas tradicionais que buscam estimar os erros para quantificar a degradação da imagem, a SSIM considera que a análise de alterações na variação da informação estrutural pode fornecer uma melhor aproximação para a qualidade da imagem apreciada.

Como exemplo, a Fig. 2.19 apresenta imagens com diferentes tipos de degradação, todas com o mesmo MSE.

---

25   Do inglês, *Structural Similarity*.

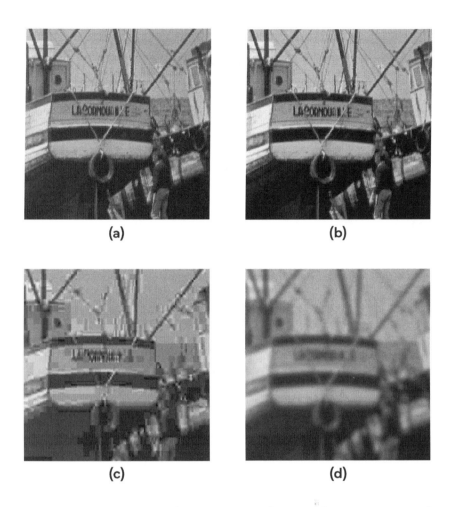

Fig. 2.19 *Imagens com diferentes degradações. (a) imagem original; (b) imagem (a) com alteração no contraste; (c) imagem (a) comprimida; (d) imagem (a) com redução da resolução. As imagens (b)-(d) possuem MSE=210. Fonte: [99].*

Ainda que as Fig. 2.19 (b)-(d) possuam o mesmo MSE, a percepção humana atribui qualidade superior à Fig. 2.19 (b).

A métrica tradicional, por não analisar a informação estrutural, atribui valor igual à qualidade das imagens da Fig. 2.19 (b)-(c), no entanto é fácil perceber que uma simples alteração no contraste da

Fig. 2.19 (b), pode fazer com que a imagem original seja reestabelecida, enquanto que nas Fig. 2.19 (c)-(d), comprimida e com resolução diminuída, há informação perdida que torna necessário a utilização de técnicas mais avançadas para a estimação da imagem original.

O SSIM é obtido a partir do cálculo dos termos $l(I_o,I_r)$, $c(I_o,I_r)$ e $s(I_o,I_r)$ chamados, respectivamente, de luminância, contraste e estrutura, que são combinados em um único índice geral, conforme a Eq. (2.75),

$$SSIM(I_o,I_r)=[l(I_o,I_r)]^\alpha \cdot [c(I_o,I_r)]^\beta \cdot [s(I_o,I_r)]^\gamma, \qquad (2.75)$$

em que $\alpha>0$, $\beta>0$ e $\gamma>0$ são parâmetros que determinam o peso relativo de cada termo.

O termo de luminância $l(I_o,I_r)$ pode ser definido como:

$$l(I_o,I_r)=\frac{2\mu_{Io}\mu_{Ir}+C_1}{\mu_{Io}^2\mu_{Ir}^2+C_1} \qquad (2.76)$$

em que μ_{I_o} e μ_{I_r} são as médias locais para as imagens I_o e I_r, respectivamente, e a constante C_1 foi introduzida para evitar instabilidade quando o termo $\mu_{Io}^2+\mu_{Ir}^2$ estiver próximo de zero.

O termo de contraste $c(I_o,I_r)$ pode ser definido como:

$$c(I_o,I_r)=\frac{2\sigma_{Io}\sigma_{Ir}+C_2}{\sigma_{Io}^2\sigma_{Ir}^2+C_2} \qquad (2.77)$$

em que σ_{I_o} e σ_{I_r} são o desvio padrão paras as imagens I_o e I_r, respectivamente, e a constante C^2 também foi introduzida para evitar instabilidade quando o termo $\sigma_{Io}^2+\sigma_{Ir}^2$ estiver próximo de zero.

As constantes C_1 e C_2 são definidas como $C_1=(K_1L)^2$ e $C_2=(K_2L)^2$

com $K_1 \approx 0{,}01$; $K_2 \approx 0{,}03$ e $L=2^n\text{-}1$ como o valor máximo do pixel, obtido a partir do número n de bits utilizado para representá-lo.

O termo de estrutura $s(I_o,I_r)$ é definido como:

$$s(I_o,I_r)= \frac{\sigma_{I_o I_r}+C_3}{\sigma_{I_o}\sigma_{I_r}+C_3} \qquad (2.78)$$

em que o termo $\sigma_{I_o I_r}$ é a covariância cruzada para as imagens I_o e I_r [99] e a constante C_3 foi introduzida pelas mesmas razões do que C_1 e C_2 em suas respectivas equações.

Para simplificação, se considerarmos $\alpha=\beta=\gamma=1$ e fizermos $C_3=C_2/2$, como em [99], a Eq. (2.75) pode ser reescrita como:

$$SSIM(I_o,I_r)= \frac{(2\mu_{Io}\mu_{Ir}+C_1)(2\sigma_{IoIr}+C_2)}{(\mu_{Io}^2\mu_{Ir}^2+C_1)(\sigma_{Io}^2\sigma_{Ir}^2+C_2)} \qquad (2.79)$$

O índice SSIM geralmente é calculado de forma janelada, ou seja, a imagem é dividida em B blocos menores de forma que o SSIM total é calculado com base na média aritmética, de acordo com a Eq. (2.80):

$$SSIM(I_o,I_r)= \frac{1}{B} \sum_{i=1}^{B} SSIM(I_{oi},I_{ri}). \qquad (2.80)$$

Na métrica SSIM, quanto maior a similaridade entre as imagens, mais próximo de 1 será o valor do índice, de forma que $SSIM(I_o,I_r)\leq 1$ e $SSIM(I_o,I_r)=1$ ocorre apenas para imagens idênticas, i.e., $I_o=I_r$.

Por fim, ao utilizar o índice SSIM para análise das imagens da Fig. 2.19, obtém-se o valor 0,9168 para a Fig. 2.19 (b); 0,6949 para a Fig. 2.19 (c) e 0,7052 para a Fig. 2.19 (d) o que, diferentemente da MSE, condiz com a percepção humana e ratifica sua utilização para a obtenção de valores mais apurados e com maior precisão para o nível de degradação de imagens com estrutura complexa, como as reconstruídas em aplicações de holografia digital.

Após análise de possíveis métricas a serem utilizadas para aferição da qualidade da reconstrução holográfica, no próximo subcapítulo, serão apresentadas algumas técnicas de magnificação holográfica controlada via algoritmo. Como veremos adiante, é possível ampliar numericamente a imagem reconstruída, diminuir o aliasing e obter maior visibilidade sobre os detalhes da imagem reconstruída.

2.5 MAGNIFICAÇÃO HOLOGRÁFICA AJUSTADA VIA ALGORITMO

Em holografia digital, a magnificação controlada via algoritmo permite que a imagem possa ser reconstruída com maior disponibilidade de detalhes, sem necessidade de adição de equipamentos ou alteração da montagem experimental.

Diferentemente de técnicas de interpolação como a bilinear [100], por píxeis vizinhos [101] ou bicúbica [102], que buscam realizar a ampliação da imagem reconstruída pela estimação dos possíveis valores dos píxeis no espaço entre os píxeis da imagem sem ampliação, a magnificação holográfica tem por objetivo aproveitar todo o espectro de frequências amostradas pelo CCD, no ato de gravação do holograma, para reconstrução da imagem holográfica com a maior riqueza possível de informação do campo espalhado pelo objeto.

Com aplicação em áreas como holografia colorida [103, 104], tomografia holográfica [105, 106], metrologia [107], análise de fluídos [108] e microscopia holográfica digital [7], a magnificação holográfica viabiliza uma melhor percepção de detalhes ao aumentar a quantidade de píxeis disponíveis para a representação dos objetos holografados.

Com custo relativamente baixo, esses métodos algorítmicos, que dependem apenas de poder computacional para a ampliação na etapa de reconstrução, são versáteis e de fácil implementação em computadores com configuração de hardware típica dos dias atuais. Neste contexto, podemos citar o trabalho de Tristan et al. [7] que apresenta um método de magnificação voltado à microscopia holográfica digital que utiliza lentes numéricas paramétricas para a focalização da área de interesse, magnificação e correção de aberrações, tendo, no entanto, como desvantagem a necessidade de segmentar a reconstrução em distintas etapas de posicionamento da imagem, magnificação e compensação das distorções, o que traz certa complexidade e custo computacional. O método de Yuan et. al [9], que utiliza a transformação de Fresnel com alteração da distância de propagação e comprimento de onda no momento da reconstrução para promover a magnificação, tem como desvantagem não estabelecer uma relação simples entre o aumento da imagem e a alteração nos parâmetros do algoritmo em caso de sistemas com múltiplos comprimentos de onda. Wang et al. [109] desenvolveram um método de magnificação pelo cálculo da propagação do campo em duas etapas que tem como desvantagem o custo computacional e a necessidade de alteração da distância de propagação em função de um plano intermediário inserido numericamente no momento da reconstrução.

Dentre as técnicas atualmente popularizadas, o trabalho de Ferraro et al. [110] se destaca por sua simplicidade e facilidade por complementar o holograma digital com zeros (*zero-padding*) para posterior reconstrução magnificada, independentemente da distância de propagação[26], comprimento de onda e número de píxeis do holograma original. Apesar de simples e produzir bons resultados em aplicações como as de multiplexação de hologramas com múltiplos comprimentos de onda [104, 111], deve ser utilizada com cautela pois aumenta consideravelmente o tamanho das matrizes e, consequentemente, o custo computacional envolvido na reconstrução das imagens.

A Fig. 2.20 apresenta um exemplo de magnificação pela utilização da técnica de *zero-padding*.

---

26 Para o caso de hologramas monocromáticos.

SENSORIAMENTO ÓPTICO COMPRESSIVO   **93**

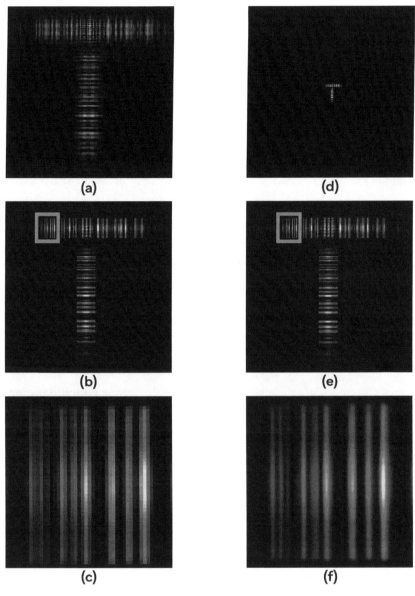

Fig. 2.20 *Magnificação holográfica pela utilização da técnica de zero-padding. (a) holograma original com 512x512 píxeis; (b) valores de intensidade para imagem holográfica recostruída sem magnificação a partir de (a); (c) área destacada em azul em (b); (d) holograma de 4400x400 píxeis, cuja área foi aumentada pela adição de zeros em (a); (e) valores de intensidade para imagem reconstruída a partir de (d), com 3072x3072 pixeis, magnificada com fator de ampliação 6X em relação a (b); (f) área marcada em azul em (e).*

A imagens foram reconstruídas a partir de holograma em linha sintetizado numericamente com o auxílio da transformação de Fresnel. A distância de propagação utilizada foi $z=25mm$.

A Fig. 2.20 (a) apresenta um holograma com 512x512 píxeis, sintetizado numericamente, a Fig. 2.20(b) contém os valores de intensidade para a imagem, também com 512x512 píxeis, reconstruída sem magnificação, a partir da Fig. 2.20 (a) e a Fig. 2.20 (c) a região destacada em azul na Fig. 2.20 (b). A Fig. 2.20 (d) apresenta o holograma de 4400x4400 píxeis obtido a partir da Fig. 2.20 (a), a Fig. 2.20 (e) apresenta a imagem com 3072x3072 píxeis, reconstruída de forma magnificada pela utilização do método de transformação de Fresnel sobre a Fig. 2.20 (d) e a Fig. 2.20 (f) mostra a região destacada em azul na Fig. 2.20 (e).

Como o objetivo foi obter uma imagem com fator de ampliação 6X em relação à imagem da Fig. 2.20 (b), foram adicionados zeros ao holograma da Fig. 2.20 (a) de forma que o novo holograma, da Fig. 2.20 (d), passou a ter 4400x4400 píxeis. A partir deste foi realizada a reconstrução da imagem holográfica e posterior corte para obtenção das dimensões de 3072x3072 píxeis, que corresponde a 6X a quantidade de píxeis do holograma original da Fig. 2.20 (a).

Ao comparar as Fig. 2.20 (c) e (f), percebe-se a redução de *aliasing* proporcionada pela magnificação, além de maior visibilidade de detalhes, o que justifica sua utilização para aumento da qualidade que viabilize maior acurácia em medições diversas.

Apesar das vantagens da técnica, no entanto, chamamos atenção para o fato de que, ainda que o objetivo fosse obter uma imagem com 3072x3072 píxeis, para obter ampliação na proporção de 6X da área de interesse da imagem da Fig. 2.20 (b), foi necessário adicionar 1328x1328 píxeis além dos 3072x3072. Em uma análise experimental foi constatado que, para a reconstrução pelo método da transformação de Fresnel, a adição de zeros ao holograma deve obedecer à relação, construída empiricamente, expressa pela Eq. (2.81),

$$\tilde{M} = M \cdot M_{ag} \cdot \alpha$$
$$\tilde{N} = N \cdot M_{ag} \cdot \alpha,$$

(2.81)

em que $\tilde{M}$ e $\tilde{N}$ são a quantidade de píxeis que o holograma deve possuir nas direções horizontal e vertical, respectivamente, para que ocorra magnificação com fator de magnificação M_{ag}, M e N são a quantidade de píxeis do holograma original, nas direções horizontal e vertical e $\alpha \approx 1,43$ é um parâmetro obtido experimentalmente para a técnica de reconstrução por transformação de Fresnel. Para magnificações elevadas, o parâmetro α deve ser levado em consideração pois pode aumentar significativamente o custo computacional em termos de alocação de memória necessária para operar as matrizes.

Além disso, em aplicações em que é necessária a superposição de imagens magnificadas, como as de holografia colorida [104], há dependência com o número de píxeis utilizados para a magnificação e com o comprimento de onda da luz utilizada no experimento, o que adiciona certa complexidade à utilização da técnica. Nesses casos, deve ser atendida a relação [110],

$$\frac{M_2}{M} = \frac{N_2}{N} = \frac{\lambda_2}{\lambda_1}$$

(2.82)

em que M_2 e N_2 são o número de píxeis, nas direções horizontal e vertical, respectivamente, do segundo holograma produzido por um laser com comprimento de onda λ_2 e λ_1 é o comprimento de onda da luz utilizada para gravar o holograma de dimensões M e N.

Em situações em que $\lambda_2 > \lambda_1$, a quantidade necessária de píxeis a serem adicionados ao segundo holograma é maior que no primeiro, o que eleva o custo computacional.

Por fim, como as técnicas para cálculo de propagação do campo após o *zero-padding*, em sua maioria, se baseiam no cálculo de FFTs que são otimizadas para manipulação de matrizes com quantidades de elementos múltipla de 2 e como a adição de zeros, não necessariamente, é feita de forma a respeitar essa característica, o tempo de processamento pode aumentar drasticamente frente ao número de operações que pode subir de $O(N \, log \, N)$ para $O(N^2)$.

Outra técnica utilizada é a proposta por Picart et. al. [8, 112] que, com base no método da convolução, utiliza frentes de ondas esféricas que funcionam como lentes de aumento. O ajuste da curvatura da frente de onda, juntamente com a distância de propagação, tem como efeito a magnificação da imagem na etapa de reconstrução holográfica.

O método, que é conhecido como Magnificação com Ondas Esféricas, consiste em realizar um *zero-padding* inicial do holograma para que o horizonte de reconstrução tenha as dimensões desejadas e multiplicá-lo por uma onda esférica $S(m,n)$ definida como:

$$S(m,n) = exp\left[-i \frac{\pi}{\lambda R_c} (m^2 \Delta x^2 + n^2 \Delta y^2), \right] \qquad (2.83)$$

em que R_c é o raio de curvatura de $S(m,n)$, que pode ser definido em termos da magnificação do sistema como:

$$R_c = \frac{\gamma z}{\gamma - 1'} \qquad (2.84)$$

cuja variável γ representa a proporção entre as dimensões do horizonte de reconstrução (holograma após *zero-padding*) e o holograma gravado pelo CCD.

Nesse método, a distância z de propagação dos campos, necessita ser substituída algoritmicamente pela nova distância $z'=\gamma z$. Dessa forma, a imagem reconstruída magnificada pode ser obtida com uma relação similar à da Eq. (2.44), definida como:

$$U(m,n)= \frac{exp\left(\frac{i2\pi}{\lambda}z'\right)}{i\lambda z'} F^{-1}\{F\,[h'(m,n)S(m,n)]\cdot G\,'(m,n)\} \quad (2.85)$$

em que $h'(m,n)$ corresponde ao holograma $h(m,n)$ após passar pela operação de *zero-padding* e $G'(m,n)$ é uma função núcleo de propagação, relacionada ao espectro angular, que pode ser escrita como:

$$G\,'(m,n)=exp\left[\frac{i2\pi z'}{\lambda}\sqrt{1-\left(\frac{\lambda m}{M\Delta x}\right)^2-\left(\frac{\lambda n}{N\Delta y}\right)^2}\right] \quad (2.86)$$

Além da facilidade de implementação numérica, como a técnica não faz as aproximações do método de Fresnel, pode ser utilizada com hologramas que foram gravados a distâncias muito próximas do objeto e que não atendam à condição estabelecida na Eq. (2.46). No entanto, é importante salientar que, além da necessidade de alteração da distância de propagação, a onda esférica corrompe a fase do campo reconstruído. Essa característica restringe a representação da imagem holográfica a seus valores de intensidade, o que inviabiliza o uso em sistemas em que a fase constitua elemento importante na análise.

OS PRINCÍPIOS GERAIS DA HOLOGRAFIA

Para a realização dos cálculos computacionais de propagação do campo, os métodos de magnificação anteriormente apresentados têm como desvantagem a necessidade de alocação de grande quantidade de memória ou alteração de variáveis relacionadas à configuração física do sistema holográfico como comprimento de onda ou distância de reconstrução.

O método proposto por Restrepo e Sucerquia [113], que se baseia na reescrita da Transformação de Fresnel apresentada na Eq. (2.36), possibilita a ampliação controlada, independentemente do número de píxeis do holograma, da distância de propagação do campo ou do comprimento de onda do laser utilizado, o que a torna indicada para diversas aplicações de magnificação, sobretudo as que envolvem a sobreposição de imagens reconstruídas, como as de holografia colorida [107], metrologia de múltiplos comprimentos de onda [107] e interferometria holográfica [114, 115].

Conforme mostrado no subcapítulo 2.2.1, a transformação de Fresnel definida na Eq. (2.36), que foi formulada para ser calculada pelo processamento de uma FFT, se baseia na relação apresentada na Eq. (2.35) que estabelece uma proporção entre o tamanho dos píxeis nos planos do holograma e de reconstrução. Essa dependência, que acarreta as limitações apresentadas nesse subcapítulo, pode ser removida se no núcleo da FFT, ou seja, $exp\left[-i2\pi\left(\frac{km}{M}+\frac{ln}{N}\right)\right]$, os produtos $2km$ e $2ln$ forem substituídos pelos termos introduzidos por Bluestein [116], definidos como:

$$2km = k^2 + m^2 - (k\text{-}m)^2$$
$$2ln = l^2 + n^2 - (l\text{-}n)^2,$$

(2.87)

de forma que a transformação de Fresnel possa ser reescrita como:

$$U(m,n)=B(m,n)$$

$$\times \sum_{k=0}^{M-1}\sum_{l=0}^{N-1}\left\{I(k,l)exp\left[\frac{i\pi}{\lambda z}(\Delta x(\Delta x-\Delta\xi)k^2+\Delta y(\Delta y-\Delta\eta)l^2)\right]\right.$$

$$\left.\times exp\left[\frac{i\pi}{\lambda z}(\Delta x\Delta\xi(m-k)^2+\Delta y\Delta\eta(n-l)^2)\right]\right\}, \tag{2.88}$$

em que $I(k,l)=r(k,l)h(k,l)$ e $P(m,n)$ é definido como:

$$B(m,n)=\frac{exp\left(i\frac{2\pi z}{\lambda}\right)}{i\lambda z}\,exp\left\{-\frac{i\pi}{\lambda z}\,[\Delta\xi(\Delta x-\Delta\xi)m^2+\Delta\eta(\Delta y-\Delta\eta)n^2]\right\}. \tag{2.89}$$

A Eq. (2.88) é conhecida como Transformação de Fresnel-Bluestein (FBT[27]).

$$x(n)=x_1(n)*x_2(n)=\sum_{k=0}^{N-1}x_1(\tau)x_2(n-\tau), \tag{2.90}$$

em que N é número total de elementos do espaço discreto, percebe-se que a FBT pode ser interpretada como o produto de convolução entre duas funções:

$$f_1(m,n)=I(m,n)exp\left\{\frac{i\pi}{\lambda z}\Delta x(\Delta x-\Delta\xi)m^2+\Delta y(\Delta y-\Delta\eta)n^2]\right\}$$

$$\tag{2.91}$$

$$f_2(m,n)=exp\left\{\frac{i\pi}{\lambda z}(\Delta x\Delta\xi m^2+\Delta y\Delta\eta n^2)\right\}$$

de modo que:

---

27   Do inglês, *Fresnel-Bluestein Transform*.

$$U(m,n)=B(m,n)[\,f_1(m,n) * f_2(m,n)],\qquad (2.92)$$

que com o auxílio do Teorema da Convolução, pode ser calculado como:

$$U(m,n)=B(m,n) \cdot F^{-1}\{F\,[\,f_1(m,n)]\cdot F\,[\,f_2(m,n)]\}.\quad (2.93)$$

A Eq. (2.93) evidencia que o cálculo numérico de U(m,n) pode ser realizado por três FFT's. Como a operação de convolução é linear, os planos de gravação e reconstrução possuem as mesmas dimensões, de modo que a proporção entre os píxeis em ambos é unitária.

As relações apresentadas na Eq. (2.45) podem ser entendidas como acompanhadas por um fator de magnificação unitário, $M_{ag}=1$, de forma que:

$$\Delta\xi=M_{ag}\,\Delta x;$$
$$\Delta\eta=M_{ag}\,\Delta y.\qquad (2.94)$$

Por oportuno, relembramos que Δx e Δy são as dimensões dos píxeis no CCD, enquanto que $\Delta\xi$ e $\Delta\eta$ são as dimensões no plano de reconstrução.

Ao modificar o fator de magnificação M_{ag}, $\Delta\xi$ e $\Delta\eta$ podem assumir dimensões iguais, menores ou maiores do que Δx e Δy, independentemente da distância de reconstrução, comprimento de onda ou quantidade de píxeis do holograma. Essa propriedade torna o procedimento de magnificação, além de simples, sem as limitações impostas aos métodos anteriormente apresentados.

Apesar das facilidades apresentadas, é preciso observar que o método pode produzir resultados indesejáveis. Conforme demonstrado na Fig. 2.21 (a), nos casos em que M_{ag} é diminuído significativamente, a imagem pode sofrer uma ampliação de tal forma que a área de visualização não abranja todo o objeto e surja um efeito de sobreposição relacionado ao cálculo de convolução circular. Além disso, nos casos em que M_{ag} for muito grande (Fig. 2.21 (b)), na área de visualização, a imagem pode aparecer substancialmente reduzida e surgirem cópias simetricamente distribuídas ao redor da original.

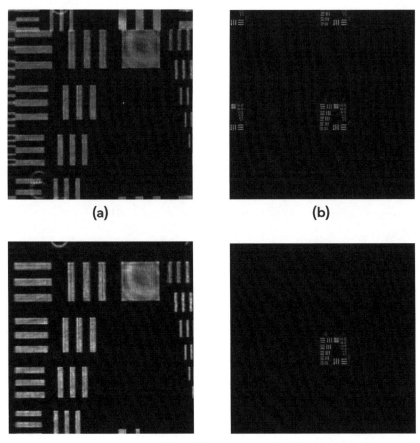

Fig. 2.21 *Imagens reconstruídas de forma magnificada com a utilização da Transformação de Fresnel-Bluestein. (a) magnificação realizada com $M_{ag} \ll 1$;(b) magnificação com $M_{ag} \gg 1$; (c) e (d) resultado da magnificação dos itens (a) e (b), respecitvamente, após a filtragem de elementos indesejáveis. Fonte: [113].*

Para estes casos, algumas técnicas de filtragem podem ser utilizadas a fim de diminuir os efeitos indesejados e obter um resultado semelhante ao apresentado na Fig. 2.21 (c) e (d).

Por fim, é relevante mencionar que as técnicas de magnificação holográfica que, de forma geral, baseiam-se no cálculo da propagação de um feixe modulado pela função de transmitância do holograma, reconstroem a imagem com qualidade semelhante em termos de resolução, *aliasing* e presença de ruídos, diferindo, todavia, em termos de custo computacional e complexidade de utilização. Como exemplo, temos que a magnificação com fator de ampliação 6X a partir do holograma da Fig. 2.20 (a), apesar de diferir na forma e parâmetros necessários ao cálculo, produz resultados semelhantes ao apresentado nas Fig. 2.20 (b) e (e) para as técnicas de FBT, lentes esféricas e *zero-padding*.

Neste capítulo foi apresentada uma visão geral sobre a holografia que, com os avanços tecnológicos dos dispositivos digitais, tornou-se uma técnica que, por ser capaz de reconstruir integralmente o campo luminoso espalhado por um objeto, ao ser utilizada com o auxílio de ferramentas computacionais apropriadas, propiciou o surgimento e desenvolvimento de técnicas ópticas aplicadas a diversas áreas do conhecimento. Dentre as quais, as de magnificação holográfica, que permitem maior aproveitamento da informação amostrada pelo CCD para redução de aliasing e ganho de resolução para melhor percepção de detalhes da imagem reconstruída holograficamente.

O próximo capítulo versará sobre um novo paradigma para a obtenção e tratamento da informação em holografia digital, o sensoriamento compressivo. A técnica, relativamente recente, que tem sua realização prática factível graças ao contínuo crescimento do poder computacional, permite que, sob determinadas circunstâncias, seja possível ultrapassar os limites impostos pelo teorema da amostragem e com isso utilizar uma quantidade mínima de informação útil para inferir as variáveis do sistema analisado. Para isso, será apresentada a teoria básica envolvida no processo, as dificuldades frequentemente impostas com as abordagens desenvolvidas para contorná-las, e sua aplicação à holografia digital.

CAPÍTULO 3 | O SENSORIAMENTO COMPRESSIVO

Neste capítulo será apresentado o sensoriamento compressivo como um novo paradigma para o registro, análise e reconstrução de sinais. Para isso, serão abordados os aspectos básicos da teoria, bem como as condições a serem atendidas para a sua validade. Ademais, a fim de elucidar sua utilização, será apresentado um exemplo prático simplificado e algumas aplicações recentes. Por fim, será demonstrado como a técnica pode ser utilizada em holografia digital, no que veio a ser conhecida como Holografia Compressiva e quais as suas vantagens quando comparada à holografia digital tradicional.

O GRANDE aumento da capacidade de processamento dos computadores, ocorrido nas últimas décadas, possibilitou o desenvolvimento de avançadas ferramentas matemáticas em teoria de sinais, o que tem aberto caminho para aplicações promissoras em áreas como matemática, física, biologia e engenharia. Nesse âmbito, o sensoriamento compressivo, uma recente teoria, ainda em desenvolvimento, tem chamado considerável atenção por tornar possível, sob determinadas circunstâncias, superar os limites impostos pelo teorema da amostragem.

O trabalho de Nyquist, Shannon e Whittaker [117-119] sobre a teoria de amostragem de sinais contínuos no tempo proporcionou grande desenvolvimento em diversas áreas do conhecimento. Conforme apresentado, a chamada condição de Nyquist afirma que um sinal de frequência limitada pode ser completamente recuperado a partir de um conjunto de amostras espacialmente uniformes desde que a frequência da amostragem seja, no mínimo, o dobro da maior componente de frequência presente no sinal (Eq. (2.56)). Essa descoberta propiciou a criação de sistemas de conversão de informação analógica em digital que, como já mencionado, possibilitam o tratamento dos dados com maior flexibilidade, precisão e controle indisponíveis aos sistemas analógicos.

Apesar disso, algumas aplicações ainda proporcionam um grande desafio no processamento e análise de sinais. Áreas como espectroscopia, microscopia, imageamento médico e metrologia óptica, dentre outras, geram um enorme volume de informação a ser processada pois necessitam de uma alta frequência de amostragem para a reconstrução fiel dos dados. Para lidar com essa dificuldade, diversas técnicas de compressão foram desenvolvidas com o objetivo de oferecer uma representação aproximada do sinal que, dentro de certos limites de tolerância, possa ser utilizada para a análise de interesse.

Na área de processamento de imagem, a técnica de compressão por Aproximação Esparsa é consagrada. Utilizada em tecnologias como a JPEG, consegue uma redução substancial no volume de dados necessários para representação da informação. Para isso, utiliza-se de um método conhecido como Transformação de Codificação que consiste em encontrar uma base de representação em que o sinal seja esparso, isto é, que possa ser representado por k coeficientes não nulos, com $k \ll n$, em que n é o número total de coeficientes do sinal. A Aproximação Esparsa consiste em utilizar os maiores coeficientes não nulos do sinal nessa base, ao passo que, em sua representação não esparsa, haja uma redução substancial no volume de dados, com uma sutil diminuição na qualidade da imagem.

Fig. 3.1 *(a) Imagem original; (b) DCT da imagem em (a); (c) imagem com 25% dos maiores coeficientes em (b); (d) DCT inversa de (c).*

No caso do processamento de imagens, uma base de representação tradicionalmente utilizada nesse tipo de técnica é a da Transformação Discreta de Cossenos (DCT) [63]. A Fig. 3.1 (a) a (d) contém um exemplo comparativo de utilização do processo. A Fig. 3.1 (a) apresenta uma imagem sem compressão, enquanto que a Fig. 3.1 (b) mostra sua DCT, que pode ser entendida como uma aproximação de uma representação esparsa de um sinal bidimensional. A Fig. 3.1 (c) contém apenas 25% dos maiores coeficientes da transformação apresentada na Fig. (b) e a Fig. 3.1 (d) apresenta a DCT inversa da Fig. 3.1 (c).

Ao comparar a Fig. 3.1 (d) com a Fig. 3.1 (a), percebe-se que não houve grande perda na qualidade frente à redução no volume de informação utilizada. Técnicas que seguem esse padrão têm sido utilizadas em larga escala para a compressão e otimização de imagens e sinais com características diversas.

O modelo proposto por Candès et. al. [11, 120-122] propõe uma mudança significativa na forma como a informação é tratada e recuperada. Enquanto que no paradigma tradicional um sinal é aproximado ao descartar parte da informação considerada irrelevante, no Sensoriamento Compressivo (CS[1]) a questão é tratada como um problema inverso em que são utilizadas técnicas matemáticas sofisticadas na busca por uma solução, ou seja, com base em um número reduzido de medidas, espera-se obter a informação completa a respeito do sinal. Para isso, a teoria prediz que um sinal finito que possui uma representação esparsa em alguma base que atenda a determinados requisitos [123, 124], pode ser completamente recuperado a partir de um número mínimo de medidas lineares não adaptativas[2].

A Fig. 3.2 mostra um exemplo do processo de reconstrução da informação com base no CS. A Fig. 3.2 (a) contém a imagem original, enquanto que a Fig. 3.2 (b) mostra os coeficientes de wavelets[3] da Fig. 3.2 (a). A Fig. 3.2 (c) apresenta uma ampliação da região

---

1   Do inglês, *Compressive Sensing*.
2   Medidas não adaptativas são aquelas em que não há a necessidade de levar em consideração a natureza do sinal.
3   De forma simples, ainda que incompleta, os wavelets são uma ferramenta matemática para análise de sinais que possibilitam sua decomposição em diferentes componentes de frequências com informação a respeito de sua localização espacial.

marcada em vermelho na Fig. 3.2 (b), em que é possível perceber o caráter aproximadamente esparso da distribuição de coeficientes. A Fig. 3.2 (d) contém o resultado da utilização de um algoritmo de CS por minimização de norma l_1, que será explicado mais adiante, para a reconstrução da imagem com base em 10.000 dos aproximadamente 65.000 coeficientes da Fig. 3.2 (b).

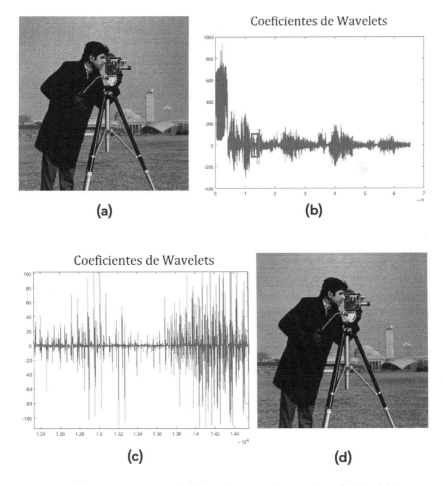

Fig. 3.2 *(a) Imagem original; (b) coeficientes de wavelets de (a); (c) área ampliada da região marcada em vermelho em (b); (d) reconstrução da imagem original a partir de 10.000 dos aproximadamente 65.000 coeficientes de wavelets de (b).*

Ainda que apenas parte da informação tenha sido utilizada, a imagem da Fig. 3.2 (d) não é uma aproximação da imagem em (a), mas a sua representação completa. Essa característica faz do CS uma ferramenta muito poderosa para a reconstrução de sinais, com potencial para aplicação em sistemas como os de superresolução [125], Imageamento por Ressonância Magnética [126], sistemas de amostragem com frequência subnyquist [127], sensoriamento remoto por radar [12], holografia digital [128-130] e diversos outros.

Nos próximos subcapítulos, a teoria para utilização do CS será tratada com maior formalidade. Serão apresentadas as condições necessárias para garantia da reconstrução do sinal, bem como alguns algoritmos atualmente utilizados, com suas vantagens, desvantagens e desafios a serem superados. Por fim, como preparação para o assunto a ser discutido no quarto capítulo, será demonstrada a aplicação do CS à holografia digital.

3.1 REPRESENTAÇÃO MATRICIAL DE SISTEMAS LINEARES

Antes de abordar o sensoriamento compressivo, é útil relembrar que um sistema linear e possível, porém indeterminado, se caracteriza pela presença de mais incógnitas do que equações, em que infinitas soluções podem ser encontradas.

Um exemplo interessante é o problema apresentado por Cleve's Corner[4] nos anos 90, em um artigo intitulado "O problema impossível mais simples do mundo.", que envolvia encontrar a solução para um sistema que representava a soma de dois números, com média 3.

A situação pode ser matematicamente modelada de forma simples como:

$$\frac{1}{2}(x_1 + x_2) = 3.$$

(3.1)

O sistema de apenas uma equação, porém, duas incógnitas, admite infinitas soluções. Com o objetivo de utilizar métodos numéricos para auxílio na escolha dos valores para x^1 e x^2, o sistema pode ser representado matricialmente como:

$$\begin{bmatrix} \frac{1}{2} & \frac{1}{2} \end{bmatrix} \begin{bmatrix} x_1 \\ x_2 \end{bmatrix} = [3],$$

(3.2)

que possui a forma:

$$Ax = b,$$

(3.3)

em que $A = \begin{bmatrix} \frac{1}{2} & \frac{1}{2} \end{bmatrix}$, $x = \begin{bmatrix} x_1 \\ x_2 \end{bmatrix}$ e $b = [3]$.

---

4   Fundador e cientista chefe da *Mathworks®*, proprietário do consagrado software *Matlab®*.

É fácil perceber que a matriz $\begin{bmatrix} 3 \\ 3 \end{bmatrix}$ é uma solução para o problema, mas $\begin{bmatrix} 9 \\ -3 \end{bmatrix}$ também. Frente a tantas possibilidades e sem nenhum conhecimento a priori a respeito do sistema, há dificuldade em definir qual seria a melhor alternativa. Para facilitar a escolha, algumas condições[5] podem ser impostas. Por exemplo, ao desconsiderar os valores negativos, a segunda solução apresentada pode ser descartada. Observe que outra possibilidade é a solução esparsa $\begin{bmatrix} 6 \\ 0 \end{bmatrix}$, com $x_2 = 0$. Se, adicionalmente, definirmos que as matrizes devem ser esparsas e com números inteiros, esta seria uma das duas únicas soluções possíveis. Neste caso, ao buscar as soluções constituídas por matrizes esparsas, o número de soluções possíveis foi drasticamente reduzido, ou seja, foi imposta uma regularização ao sistema.

Como veremos adiante, o CS trabalha sob uma lógica similar, ao passo que obter parte da informação do sinal para reconstruí-lo por completo equivale a ter um sistema com mais incógnitas do que equações e o encontrar a solução que corresponde ao sinal subamostrado, torna-se seu principal desafio.

---

5   No caso do CS, a justificativa para as condições impostas serão apresentadas nos próximos subcapítulos.

3.2 ASPECTOS BÁSICOS SOBRE A TEORIA DO SENSORIAMENTO COMPRESSIVO

A maioria dos sistemas atuais de amostragem de sinais se baseia no modelo de obtenção do maior volume possível de dados para a reconstrução fiel da informação. O CS, no entanto, permite, com base em procedimentos de otimização, reconstruir o sinal a partir de uma amostragem com frequência inferior à estabelecida pelo limite de Nyquist. No subcapítulo atual, procuraremos abranger os aspectos básicos desta vasta e recente teoria, ainda em construção, a fim de subsidiar a compreensão da proposta apresentada nos capítulos seguintes.

Como o objetivo do atual trabalho é o desenvolvimento de técnicas aplicadas a imagens, isto é, a uma distribuição bidimensional de pontos, convém mencionar que uma imagem discretizada, que geralmente corresponde a uma matriz I_{MxN}, alternativamente pode ser representada por um ponto $p \in \mathbb{R}^{MN}$, ou seja, um vetor com dimensionalidade MN que equivale à representação lexicográfica da matriz I_{MxN}. Nesse contexto, um vetor em $\mathbb{R}^n$ é dito s-esparso quando apenas suas s componentes, com $s \ll n$, são não nulas e, compressível, caso possa ser aproximado por um sinal s-esparso.

Conforme mencionado, o problema linear $Ax=b$, com m equações e n variáveis, para $m<n$, caso possível, possuirá uma infinidade de soluções que, posto de forma mais rigorosa, terá uma família de soluções $x_k + C\nu$, que dependem de ao menos $l=n-m$ parâmetros em $\nu \in \mathbb{R}^l$ com C constante. Nesse contexto, é possível demonstrar que se o sistema linear possuir uma solução s-esparsa, e cada $2s_m$, com $s_m \geq s$, subconjuntos de colunas distintas de $A_{M \times N}$ forem linearmente independentes, então essa solução será a única s-esparsa [10]. Nesse caso, a procura pela solução mais esparsa

possível para o sistema linear apresentado na Eq. (3.3), equivale a resolver o problema de minimização:

$$min\|x\|l_0 \quad \text{sujeito a} \quad Ax=y \qquad (3.4)$$

em que $\|x\|l_0 = \#(i\,|\,x_i \neq 0)$, conhecida como norma l_0, representa o número total de elementos não nulos no vetor e serve como medida da esparsidade do vetor x.

Com isso, se o problema possuir uma solução suficientemente esparsa para a minimização da norma l_0, a solução será única e poderá ser encontrada pela verificação de todos os possíveis sistemas formados a partir das s de m colunas de A.

Apesar do número de possibilidades ser finito, encontrar a solução ótima pode demandar muito tempo. Por exemplo, em um caso particular da Eq. (3.3) em que haja m=1000 equações e n=5000 variáveis, se cada subconjunto de 200 colunas de A for linearmente independente, então deverá haver uma solução 100-esparsa, ou seja, deverá haver $C_{100}^{5000} = \binom{5000}{100}$ combinações possíveis de problemas $Ax=y$ com $A_{5000 \times 1000}$ a serem resolvidos a fim de encontrar aquele que possui a solução suficientemente esparsa. Como $C_{100}^{5000} \approx 10^{211}$, mesmo que um potente computador conseguisse resolver 10^{20} combinações de sistemas por segundo, seriam necessários da ordem de 10^{174} anos para encontrar a solução correta. Esse problema, que se enquadra na categorias dos *NP-Hard*[6], mesmo para pequenos valores de n, é inviável de ser resolvido até pelos mais potentes supercomputadores atuais.

Frente a essa dificuldade, algumas abordagens foram desenvolvidas. Algoritmos que, dentro de certas condições, sejam capazes de encontrar uma solução em um intervalo de tempo viável foram

---

6   Acrônimo para *Non Polynomial Time Complexity*.

vastamente pesquisados. Dentre as alternativas que surgiram, os de Procura de Base (BP[7]), também conhecidos entre os matemáticos como de Mágica l_1 têm despertado grande interesse na comunidade científica, sobretudo pelo reduzido tempo de processamento.

A chamada Mágica l_1 refere-se ao fato de que, sob determinadas condições, é possível relaxar o problema de minimização de norma l_0 da Eq. (3.4) sob a forma:

$$min\|x\|l_1 \qquad \text{sujeito a} \qquad Ax{=}y \qquad (3.5)$$

em que $\|x\|l_1{=}\Sigma \frac{x_1}{x_o} |x_i|$ representa a norma l_1 do vetor x. Por se tratar de um problema de otimização convexa não diferenciável [131], pode ser resolvido pelos computadores atuais com o auxílio de algoritmos especializados como os interativos de Greedy de Procura de Base Ortogonal, os de Procura de Amostragem Compressiva (CoSaMP[8]), os de limiarização como o de Limiarização Interativa Dura (IHT[9]) e os de Procura de Subespaço [10].

Sendo possível encontrar a solução esparsa pela equivalência entre as normas l_0 e l_1, o passo natural é utilizar essa propriedade na resolução de sistemas lineares que podem modelar situações físicas. Em problemas analisados sob o ponto de vista do CS, procura-se representar o vetor x de modo s-esparso em uma base de representação Ψ facilmente invertível. As bases utilizadas geralmente são ortogonais, de modo que $\Psi^{-1}{=}\Psi^T$, como as de cossenos, de Fourier e dicionários $D_{n \times N}$ com $n{<}N$.

Algebricamente, um sinal $\tilde{x}$, s-esparso, pode ser representado como:

$$\tilde{x} = \Psi x \qquad (3.6)$$

---

7   Do inglês, *Basis Pursuit*.
8   Do inglês, *Compressive Sampling Matching Pursuit*.
9   Do inglês, *Iterative Hard Thresholding*.

em que Ψ é um operador, geralmente ortogonal, como uma Transformação Discreta de Cossenos (DCT) ou FFT que, ao atuar sob o sinal original x, o transforma em $\tilde{x}$ s-esparso. Para obter x a partir de $\tilde{x}$ basta multiplicá-lo, no caso da DCT, por Ψ^T, o que equivale a uma transformação inversa, ou seja:

$$\Psi^T \tilde{x} = \Psi^{-1} \Psi x = \mathbb{I} x$$
$$x = \Psi^T x$$
(3.7)

em que $\mathbb{I}$ é o operador identidade.

A Fig. 3.3 contém um exemplo de representação algébrica de um sistema de aquisição de sinal, sob a ótica do CS.

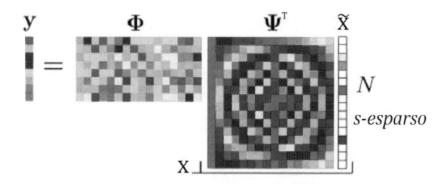

Fig. 3.3 *Representação de um esquema de aquisição de sinal com base no sensoriamento compressivo. Fonte: [132].*

Na representação da Fig. 3.3, y é o sinal obtido, Φ é conhecido como operador de sensoriamento ou de medidas, que pode ser representado por uma matriz $\Phi_{m \times N}$, com $m < N$, que corresponde a um sistema de subamostragem do sinal, x é o sinal original, com N elementos, antes de passar pelo processo de sensoriamento, Ψ^T é uma base de representação conforme descrito na Eq. (3.7) e $\tilde{x}$ é o sinal esparso de acordo com a Eq. (3.6). Ao combinar Φ e Ψ^T, o sistema pode ser escrito como:

$$y = \Phi \, x \tag{3.8}$$

em que $\tilde{\Phi} = \Phi\Psi^T$. Neste caso, o sinal obtido está descrito em termos de um sistema linear em que um operador linear de sensoriamento compressivo $\tilde{\Phi}$, que pode ser representado por uma matriz $\tilde{\Phi}_{m \times N}$ atua sobre um vetor esparso $\tilde{x}$. Ao minimizar a norma l_1, ou seja, ao procurar a solução mais esparsa possível, é possível obter $\tilde{x}$ e por conseguinte x.

Para se aproximar da descrição de sistemas reais de aquisição de sinais, a Eq. (3.8) pode ser substituída por uma de forma mais geral, a fim de considerar a existência de ruídos. Com isso, o problema de minimização pode assumir a forma:

$$min \| \tilde{x} \|_{l_1} \qquad \text{sujeito a} \qquad \| \tilde{y} - \tilde{\Phi} \, x \|_{l_2} \leq \in \tag{3.9}$$

em que $\tilde{y} = y + r$, com r sendo um ruído gaussiano de média zero e norma $\in$ e $\| g \|_{l_2} = \sqrt{\sum_{i=1}^{n} |g_i|^2}$ representa a norma l_2, euclidiana, do vetor $g = \tilde{y} - \tilde{\Phi} \tilde{x}$. Esse tipo de situação geralmente é encarado como um problema de inversão mal posto, ou seja, a solução depende de parâmetros que envolvem hipóteses adicionais como, por exemplo, a estimativa da amplitude e distribuição do ruído. Neste caso, é buscada uma solução que melhor se adeque à realidade do sistema analisado.

3.3 CONDIÇÕES PARA EQUIVALENCIA ENTRE AS NORMAS L_0 E L_1 NA RESOLUÇÃO DE SISTEMAS LINEARES

No subcapítulo anterior foi mencionado que sob determinadas condições é possível relaxar o problema de minimização de norma l_0 pela utilização da norma l_1 em um problema de minimização descrito pela Eq. (3.5). Foi mencionado também que em problemas modelados sob a perspectiva do CS, busca-se uma solução para o sistema representado pela Eq. (3.8) ou (3.9) em que o vetor x é s-esparso em uma base Ψ e o vetor y pode ser entendido como o sinal medido, proveniente da atuação de um operador $\tilde{\Phi}$ que representa o produto entre a matriz de medidas Φ e a base de representação Ψ^T.

Neste ponto convém mencionar que a maioria dos sinais obtidos em situações físicas reais não são perfeitamente esparsos, mas podem ser aproximados. Com isso, um vetor x pode ser classificado como s-compressível em uma base $\mathfrak{R}$ se for possível aproximá-lo por um vetor s-esparso nesta mesma base. Nesse caso, o vetor x_s é formado ao manter as s maiores coordenadas de x em valor absoluto e zerar as demais, de forma que $\|x\text{-}x_s\| \ll \|x_s\|$.

A Fig. 3.4 apresenta um exemplo comparativo entre um sinal s-esparso e um compressível.

A aproximação do vetor representado na Fig. 3.4 (b) por um vetor s-esparso não é rígida e pode ser feita de acordo com critérios previamente estabelecidos, ou seja, o sinal, no caso, também poderia ser aproximado por um vetor 5-esparso ou 3-esparso.

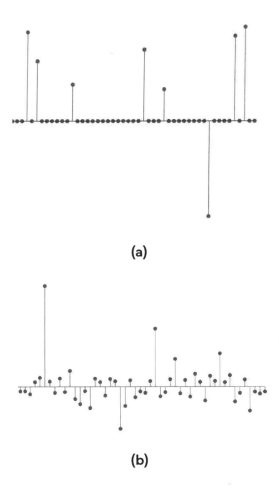

Fig. 3.4 *(a)exemplo de vetor que representa um sinal 8-esparso, ou seja, apenas 8 de suas componentes são não nulas; (b)vetor que pode ser aproximado por um 7-esparso, logo, pode ser classificado como compressível x_7.*

Propriedade de isometria restrita

No subcapítulo 3.2 foi mencionado que o sistema $Ax=y$, com $A_{M \times N}$ possui uma única solução s-esparsa desde que, no mínimo, $2s$ colunas de A sejam linearmente independentes. Essa condição garante unicidade na solução de um problema que envolve a minimização da norma l_0. Também foi dito ser possível demonstrar que certas condições podem ser estabelecidas para a equivalência entre as normas l_0 e l_1 nos problemas de minimização apresentados até o momento. No atual subcapítulo, apresentamos a denominada Propriedade de Isometria Restrita (RIP) [10], que estabelece que as colunas de A devem ser "quase" ortogonais para a validade da equivalência l_0 e l_1. Com isso, para a escolha da base de representação do vetor x, a RIP serve como um importante parâmetro a ser considerado para a garantia de que a solução do sistema possa ser encontrada.

De modo mais rigoroso, são definidas as constantes RIP inferior δ_s^{inf} e superior δ_s^{sup} para uma matriz $A_{M\times N}$ normalizada, como sendo os menores valores para os quais, dado um vetor x, s-esparso, seja válida a relação [133]:

$$(1-\delta s_s^{inf})\|x\|_{l_2}^2 \le \|Ax\|_{l_2}^2 \le (1-\delta_s^{sup})\|x\|_{l_2}^2 \qquad (3.10)$$

A partir da Eq. (3.10) é definida a constante de **RIP** δ_s como o maior dos dois valores entre δ_{100}^{5000} e δ_{100}^{5000}. De forma geral, δ_s pequeno significa que cada subconjunto de s vetores de $A_{M\times N}$ possui ângulos entre seus elementos próximos a $\pi/2$. Com isso, a constante RIP estabelece um critério rígido para a ortogonalidade entre os vetores das submatrizes provenientes de $A_{M\times N}$.

Nesse contexto, outra definição importante relaciona-se ao valor de RIP recomendado por Foucart [134], ao afirmar que para uma dada matriz, se $\delta_{2s} \le 0{,}4652$, então qualquer solução x' para a Eq. (3.3) deve obedecer à relação:

$$\|x'\text{-}x\|_{l_2} \le C_0 \cdot \|x\text{-}x_s\|_{l_1} /\sqrt{s} \qquad (3.11)$$

$$e \qquad \|x'\text{-}x\|_{l_1} \leq C_0 \cdot \|x\text{-}x_s\|_{l_1} \qquad (3.12)$$

em que C_0 é uma constante que depende de δ_{2s} e x_s é um vetor compressível formado pelas s maiores componentes de x. Convém, ainda, mencionar que se x é um vetor s esparso, então $x=x_s$, de modo que a Eq. (3.11) resulta em $\|x'\text{-}x\|_{l_2}=0$, ou seja, a solução encontrada para x' é exata. Com o que foi exposto até o momento, torna-se interessante encontrar uma base de representação com constante RIP pequena, isto é, $\delta_{2s} \leq 0{,}4652$ e x seja esparso.

Para os casos em que o sinal x não é esparso mas compressível, as definições das Eqs. (3.11) e (3.12) indicam que a solução encontrada está, no máximo, a uma distância $\|x\text{-}x_s\|$ da verdadeira.

Em sistemas em que há ruídos presentes, para $\delta_{2s} \leq 0{,}4652$; a solução x' deve ser buscada com o auxílio da Eq. (3.9). Neste caso, as condições definidas nas Eqs. (3.11) e (3.12) devem ser substituídas, por [133]:

$$\|x'\text{-}x\|_{l_2} \leq C_0 \cdot \frac{\|x\text{-}x_s\|_{l_1}}{\sqrt{s}} + C_1 \cdot \in \qquad (3.13)$$

em que C_0 e C_1 são constantes que dependem de δ_{2s} e $\in$ está relacionado à norma do ruído relativo no sistema. O segundo termo do lado direito da Eq. (3.13) está relacionado à parcela de erro na estimação de x' ocasionada pela presença de $\in$. Além disso, para δ_{2s} dentro dos limites propostos, por exemplo, $\delta_{2s}=\frac{1}{4}$, temos $C_0 \leq 5{,}5$ e $C_1 \leq 6$. Em resumo, as condições apresentadas evidenciam o quanto um sistema, que satisfaz a condição de RIP, tem sua acurácia afetada pela quantidade de ruídos no sistema e o nível de compressibilidade do vetor x.

Incoerência entre Matriz de Sensoriamento e Base Ortogonal

Como veremos adiante, outra condição a ser verificada na resolução de problemas por CS é a coerência entre a matriz de sensoriamento e a base ortogonal de representação do vetor x s-esparso. No caso da Eq. (3.8), temos a matriz $\tilde{\Phi}$ que é resultado do produto entre Φ e Ψ^T, respectivamente. Como veremos, a construção de $\tilde{\Phi}$ deve ser realizada de tal modo que a coerência entre as matrizes Φ e Ψ^T seja a mínima possível. Em termos práticos, essa propriedade relaciona o quanto a informação tem sua esparsividade modificada ao passar de uma base para outra, ou seja, quanto maior a incoerência entre as duas matrizes, mais esparsa a informação estará em uma base e dispersa em outra. Essa propriedade está fortemente relacionada com a RIP de modo que uma baixa coerência entre Φ e Ψ^T implica em δ_s pequeno para a matriz $\tilde{\Phi}$.

De modo mais rígido, de acordo com Candès e Wakin [11], a coerência $\mu(\Phi,\Psi)$ entre as elementos de Φ e Ψ pode ser definida como:

$$\mu(\Phi,\Psi) = \sqrt{N} \ \max_{0 \le k,j \le N} \frac{|\langle \Phi_k, \Psi_j \rangle|}{\|\Phi_k\|_{l_2} \|\Psi_j\|_{l_2}}, \qquad (3.14)$$

ou, para Ψ normalizado, $\|\Psi^{(j)}\|_{l_2} = 1$,

$$\mu(\Phi,\Psi) = \sqrt{N} \ \max_{0 \le k,j \le N} \frac{|\langle \Phi_k, \Psi_j \rangle|}{\|\Phi_k\|_{l_2}}, \qquad (3.15)$$

em que N é a dimensionalidade do vetor x e k é o índice que indica a coluna de Φ que multiplica a linha j de Ψ.

De acordo com a definição da Eq. (3.15), $\mu(\Phi,\Psi)$ pode ser entendido como a máxima correlação entre dois elementos de Φ e Ψ ou como a medida do menor ângulo entre os vetores da base de sensoriamento e de representação esparsa, ao passo que valores de baixa coerência indicam que os elementos são aproximadamente ortogonais. É interessante observar que enquanto a definição para a constante RIP busca um critério para a ortogonalidade dos vetores no domínio de $\tilde{\Phi}$ como condição para a unicidade da solução esparsa, a definição de $\mu(\Phi,\Psi)$ busca condições para a ortogonalidade entre os vetores das matrizes Φ e Ψ que compõem $\tilde{\Phi}$. Além disso, a partir da desigualdade de Cauchy-Schwarz e da ortogonalidade de Ψ, é possível demonstrar que:

$$1 \leq \mu(\Phi,\Psi) \leq \sqrt{N}. \tag{3.16}$$

O valor de $\mu(\Phi,\Psi)$ tem grande importância em CS pois está diretamente relacionado à quantidade de linhas que podem ser utilizadas na matriz de medidas de modo a ter altíssima[10] probabilidade de sucesso. De acordo Candés et. al. [11], para $x=\Psi\tilde{x}$, com $\tilde{x}$ s-esparso, ser a solução do sistema da Eq.(3.8), podem ser escolhidas, de forma aleatória, m linhas da matriz de medidas Φ, desde que respeitada a relação:

$$m \geq C \cdot [\mu(\Phi,\Psi)]^2 \cdot s \cdot log(N). \tag{3.17}$$

Enquanto que a relação da Eq. (3.10) para a constante RIP garante soluções exatas, a medida de coerência $\mu(\Phi,\Psi)$ estabelece uma probabilidade, ainda que alta, de sucesso. Apesar dessa desvantagem, em termos práticos, a utilização de $\mu(\Phi,\Psi)$ como métrica na escolha das matrizes de medida e representação é comumente utilizada em detrimento da constante RIP. Isso ocorre porque enquanto $\mu(\Phi,\Psi)$ pode ser obtida analítica e numeri-

---

10   Por altíssima probabilidade, considere valores da ordem de $O(1\text{-}n^{\text{-}m})$.

camente, δ_s em geral, só é verificada analiticamente a partir dos autovalores de matrizes de Graam e para algumas bases de representação específicas com as de Fourier, Transformada Discreta de Cosseno, Radon e Wavelets. Em resumo, enquanto que a análise de δ_s pode garantir uma solução exata, porém, com grande dificuldade (ou até impossibilidade, na maioria dos casos) teórica e prática, $\mu(\Phi,\Psi)$ relaxa a exigência ao definir uma probabilidade de sucesso com m escolhas aleatórias da matriz de medidas, porém, facilmente verificável por métodos numéricos.

Dito de outra forma, a Eq. (3.17) indica um número mínimo de linhas a serem selecionadas em uma matriz de medidas, de modo que a matriz resultante, após um processo de renormalização, possa ser utilizada para compor $\tilde{\Phi}$ com probabilidade de ordem $O(1\text{-}n^{-m})$ de possuir $\delta^{2s}{\le}0,4652$; isto é, quanto menor a coerência entre Φ e Ψ, maior a probabilidade de $\tilde{\Phi}$ atender ao critério de RIP.

Alguns exemplos interessantes são da matriz de medidas com valores gerados aleatoriamente, como um ruído branco com distribuição normal, média zero e desvio padrão $1/\sqrt{N}$ que, segundo Candès et. al [135], possui incoerência $\sqrt{2{\cdot}logN}$ com uma base ortonormal qualquer, ou entre a base de Haar wavelets e noiselets [136] com incoerência igual a $\sqrt{2}$ ou entre a base canônica do domínio do espaço e a de Fourier no domínio de frequências, cuja coerência é igual a 1. Para esses casos, é necessário um valor pequeno para o número m de linhas escolhidas de Φ.

Neste ponto torna-se evidente o potencial do CS para a reconstrução da informação completa com base em um número reduzido de medidas. Ao observar a Eq. (3.17), constata-se que em sistemas cuja matriz de sensoriamento representa um mecanismo de amostragem, é possível perceber que a quantidade de amostras utilizadas para a reconstrução do sinal pode ser inferior à exigida pelo teorema de Shannon-Nyquist. Além disso, diferentemente do modelo tradicional, o sensoriamento não necessita ser linear, o que permite a elaboração de mecanismos otimizados para o sistema analisado.

3.4 EXEMPLO PRÁTICO DE RECUPERAÇÃO DE SINAL COM CS E ALGUMAS APLICAÇÕES DESENVOLVIDAS

Apesar da dificuldade em determinar as constantes RIP para uma base de representação qualquer, na literatura encontra-se estudos a respeito de valores adequados ao CS em algumas matrizes frequentemente utilizadas em aplicações atuais como a DCT, FFT e matrizes randômicas [137, 138]. Como exemplo prático do que foi discutido até o momento, será apresentado um sistema que utiliza uma matriz de medidas Φ para realizar a subamostragem de um sinal e uma base Ψ ortonormal discreta de cossenos para representar a informação de modo esparso.

No método utilizado, o sinal analisado é representado por um vetor no $\mathbb{R}^N$ em que N corresponde ao número de pontos que o mesmo sinal teria em uma representação unidimensional. Com isso, a matriz $\Psi = \Psi_{N \times N}$ que representa uma ND-DCT, tem cada Ψ_{kn} elemento estabelecido conforme a relação [63]:

$$\Psi_{k+1,n+1} = \alpha(k)\cos\frac{\left[\pi\left(n+\dfrac{1}{2}k\right)\right]}{N} \quad \text{para} \quad 0 \leq k,n \leq N\text{-}1 \qquad (3.18)$$

com:

$$\alpha(k) = \begin{cases} \sqrt{\dfrac{1}{N}}, & para\ k=0 \\ \\ \sqrt{\dfrac{2}{N}}, & para\ 1 \leq k \leq N\text{-}1 \end{cases} \qquad (3.19)$$

de modo que para um dado sinal, não esparso, de dimensão N, temos:

$$x = \Psi x \quad \text{ou} \quad x = \Psi^T \tilde{x} \qquad (3.20)$$

em que $\tilde{x}$ é a representação s-esparsa do sinal e como Ψ é unitária temos $\Psi^{-1} = \Psi^T$ em que Ψ^{-1} é a matriz inversa de Ψ e Ψ^T sua transposta. A DCT tem sido largamente utilizada em sistemas de compressão de imagem e vídeo pois, ao representar sinais de forma esparsa, possui a propriedade de concentrar a maior parte da energia em poucos coeficientes da transformação.

As Fig. 3.5 e Fig. 3.6 apresentam, respectivamente, um sinal x(t) no domínio do tempo, sem ruído, não esparso e discreto e sua representação esparsa x(f) no domínio da DCT.

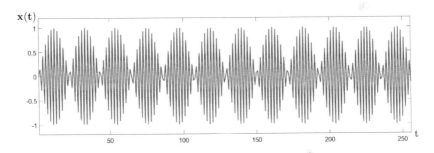

Fig. 3.5 *Sinal original **x(t)**, não esparso no domínio do tempo, composto por 256 elementos.*

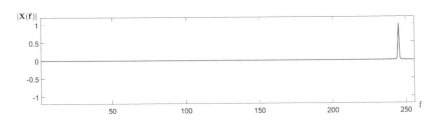

Fig. 3.6 *Sinal **x(f)** representado no domínio da DCT. Observe que a maior parte da energia está concentrada em apenas um coeficiente.*

Matematicamente, a amostragem do sinal apresentado na Fig. 3.5 pode ser representada como:

$$y = \Phi x \tag{3.21}$$

em que x é um vetor no $\mathbb{R}^N$ com $N=256$, Φ é a matriz que realiza a operação de subamostragem de x e pode ser representada por uma submatriz obtida a partir da seleção aleatória de m linhas de uma matriz identidade $I_{N \times N}$ e y é o vetor que corresponde ao resultado da atuação de Φ sobre x. Em termos físicos, y representa a grandeza x subamostrada por um sistema Φ.

Uma vez que x não é esparso, com base na Eq. (3.20), a Eq. (3.21) pode ser reescrita na forma:

$$y = \Phi \Psi^T \tilde{x}. \tag{3.22}$$

Conforme mostrado na Fig. 3.3, como $\Phi = \Phi_{m \times N}$ e $\Psi^T = \Psi^T_{N \times N}$, podemos definir a matriz $\tilde{\Phi} = \Phi \Psi^T = \tilde{\Phi}_{m \times N}$. Com isso, a Eq. (3.22) assume a forma da Eq. (3.8). Além disso, como $\tilde{x} = \tilde{x}_{N \times 1}$, a operação de subamostragem de $\tilde{x}$ produz $y = y_{m \times 1}$.

Como já mencionado, o objetivo central de problemas dessa natureza é encontrar x a partir de y obtido. A Fig. 3.7 apresenta os valores subamostrados como resultado da atuação de Φ em x. Foram realizadas medidas aleatórias para $m=64$, ou seja, foram selecionados 64 pontos dos 256 que constituem o sinal, o que equivale a apenas 25% da informação original.

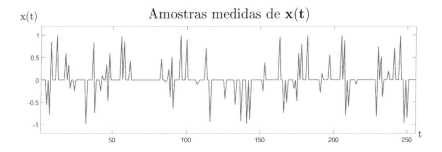

Fig. 3.7 *Elementos amostrados de x(t).*

Ao utilizar um algoritmo de CS [139] que procura minimizar a norma l_1 de acordo com a Eq. (3.9), obtemos o resultado apresentado na Fig. 3.8.

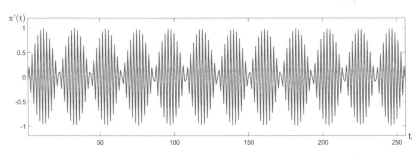

Fig. 3.8 *Solução para x(t) encontrada via CS.*

A solução $x'(t)$, encontrada com base na análise de apenas 25% do total de elementos da amostra, obtidos aleatoriamente, representa com fidelidade o sinal original da Fig. 3.5.

Para efeito de comparação, a Fig. 3.9 contém o resultado da utilização de uma técnica de mínimos quadrados em inversão de sistemas lineares [140] que utiliza matrizes pseudo-inversas para encontrar uma solução para x a partir de y.

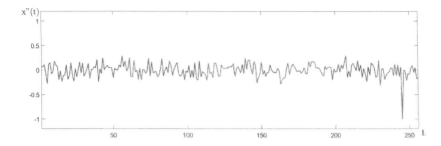

Fig. 3.9 *Solução encontrada para **x(t)** pela utilização do método dos mínimos quadrados.*

É perceptível a diferença entre $x''(t)$ e $x(t)$. O resultado obtido com a utilização do CS, ainda que em um exemplo simples, demonstra o grande potencial da técnica como um método promissor para obtenção da informação completa a partir de um conjunto subamostrado de dados.

Câmera de Píxel único

Apesar do CS ter sido utilizado para a análise de um sinal unidimensional simples no exemplo do subcapítulo anterior, com o poder de processamento dos computadores atuais, já é possível trabalhar com grandezas de dimensão maior, como imagens digitais e hologramas.

Na área de tratamento de imagens, uma das aplicações que evidenciam a capacidade do CS é a Câmera de *Pixel* Único (*Single--Pixel Câmera*) [141].

O dispositivo correlaciona uma imagem advinda de algum objeto com matrizes randômicas de Bernoulli e mede essas correlações a partir de um único *pixel*. Após a medida de um número reduzido de correlações, com o auxílio do CS, é possível obter a imagem original.

De forma similar ao que foi exposto anteriormente, nesta aplicação a imagem original pode ser representada como um vetor $x \in \mathbb{R}^{MN}$ em que M é o número de *píxeis* na direção horizontal e N na direção vertical.

Geralmente imagens dessa natureza não são esparsas mas podem ser representadas dessa forma após passarem por uma transformação como a de Wavelets, de Fourier ou de Cossenos conforme a relação $x = W\tilde{x}$, em que $\tilde{x} \in \mathbb{R}^{MN}$ é um vetor esparso e $W = W_{(MN) \times (MN)}$ é uma matriz unitária que representa a transformação.

Conforme apresentado na Fig. 3.10, o dispositivo é constituído por um microarray de pequenos espelhos que podem ser direcionados individualmente de modo a refletir ou não a luz advinda do objeto analisado. A luz refletida por todos os espelhos do array é combinada por uma lente em um único sensor, o *pixel* único da câmera. Dependendo da configuração do array, a intensidade luminosa registrada pelo sensor da câmera será diferente.

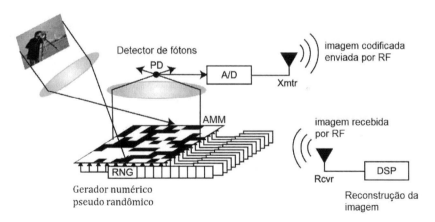

Fig. 3.10 *Esquema de protótipo de câmera de pixel único em que RNG é um gerador numérico randômico, AMM é um array de micro espelhos, PD um detector de fótons, Xmtr um transmissor de rádio frequência, Rcvr um receptor de rádio frequência e DSP uma unidade digital de processamento de sinais. Fonte: [142].*

Em termos físicos, a luz refletida pelo array corresponde ao produto interno entre o vetor x e o de Bernoulli $B \in \mathbb{R}^{MN}$. Após m medidas sucessivas, com configurações pseudo-aleatórias para B, obtém-se $K \in \mathbb{R}^{m \times (MN)}$ de modo que o valor obtido pelo sensor da câmera pode ser escrito como $y=Kx$. Ao utilizar a relação $x=W\tilde{x}$, os valores medidos pelo sensor podem ser representados por $y=KW\tilde{x}$. No caso do esquema apresentado, a atuação de W é realizada pela lente que focaliza a luz refletida pelos espelhos.

Ao fazer $A=KW$, obtemos $y=A\tilde{x}$, com $A=A_{m \times (MN)}$, de forma similar à Eq. (3.8). Com isso, após $m \geq Csln(NM/s)$ medidas sequenciais das imagens, consideradas aproximadamente s-esparsas, é possível obter $\tilde{x}$ a partir de y e pela relação $x=W\tilde{x}$, obter x.

As Fig. 3.11 (b) e (c) contêm o resultado da utilização do esquema da Fig. 3.10 sobre a imagem de 65536 *píxeis* da Fig. 3.11 (a). O resultado mostrado na Fig. 3.11 (b) foi obtido após 3300 medidas sequenciais, ou seja, 5% do total da informação presente e o da Fig. 3.11 (c) após 1300 medidas, isto é, 2% do número total de *píxeis* presentes na imagem original.

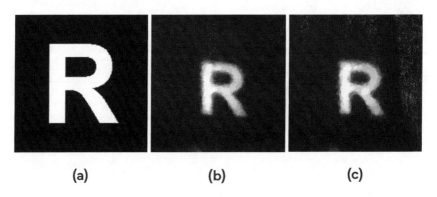

Fig. 3.11 *Imagem obtida pela utilização da câmera de píxel único; (a) imagem original; (b) imagem obtida para* **m=3300** *medidas; (c) imagem obtida para* **m=1300** *medidas. Fonte: [142].*

Com a câmera de *pixel* único, além de robustez e flexibilidade, é possível amostrar comprimentos de onda em modos indisponíveis às câmeras tradicionais. Essa característica possibilitou a criação de aplicações como as de obtenção de imagens em sistemas com radiação Terahertz [143], detectores de Raios-X [13], espectrômetros [14] e sistemas hyperespectrais de aquisição de imagens [144].

Imageamento Compressivo por Ressonância Magnética

O Imageamento por Ressonância Magnética (MRI) [15, 145, 146] é uma tecnologia amplamente utilizada na área médica em aplicações como análise das vasos sanguíneos e estrutura cerebral. Trata-se de uma técnica de imageamento em que é possível obter informação tridimensional de objetos a partir da análise de uma série de planos transversais.

No atual modelo, a maior quantidade possível de dados é amostrada a fim de obter imagens com alta resolução. Essa necessidade faz com que, dependendo do exame, o paciente tenha que ser exposto à medição por minutos ou até horas, o que pode impactar negativamente em seu diagnóstico e no custo da operação.

Nesse contexto, o CS aparece como uma medida alternativa ao permitir a geração de imagens de alta resolução a partir de uma quantidade reduzida de amostras, o que pode acelerar drasticamente o processo sem perda na qualidade [147].

Na técnica tradicional de MRI, o paciente é exposto a um campo eletromagnético intenso e a transformação de Fourier desse campo é amostrada ao longo de curvas $k_{1,...}, k_{L} \in \Omega_{i}$ com $i=1,...,n$ planos que correspondem a seções transversais do campo 3D amostrado [135]. A Fig. 3.12 apresenta o domínio Ω_{i} de uma seção transversal i, com as curvas de amostragem do espectro de Fourier. O tempo total de aquisição é proporcional à quantidade de curvas e de planos utilizados para o mapeamento do volume.

Fig. 3.12 *Domínio para uma seção transversal i do campo 3D, composto por curvas que indicam a região de amostragem do espectro de Fourier. Fonte: [135].*

Como no paradigma vigente o objetivo é trabalhar com uma alta frequência de amostragem, procura-se analisar uma grande quantidade de curvas e planos. Como dito anteriormente, essa abordagem resulta em um longo tempo para obtenção e processamento da informação.

Matematicamente, para um plano i com N pontos na direção horizontal e vertical, o processo de amostragem pode ser representado como:

$$y = RFx \qquad (3.23)$$

em que y é a informação obtida pelos sensores, $R = R_{m \times N^2}$ é um mapa linear que indexa as k_L curvas de amostragem do campo no domínio de Fourier e $F=F_{N^2 \times N^2}$ representa o operador de Transformação de Fourier que atua em $x \in \mathbb{R}^{N^2}$. Com isso, ao fazer $RF=A_{m \times N^2}$, obtém-se:

$$y=Ax. \tag{3.24}$$

Assim como no exemplo do subcapítulo anterior, x geralmente não é esparso e precisa ser representado em uma base como a de Waveletes. Para isso, podemos definir o operador $W=W_{N^2 \times N^2}$ como sendo uma matriz unitária que representa a transformação $x=W\tilde{x}$, em que $\tilde{x} \in \mathbb{R}^{N^2}$ é um vetor esparso e a Eq. (3.24) pode ser reescrita como:

$$y=AW\tilde{x} \tag{3.25}$$

ou

$$y=\hat{A}\tilde{x} \tag{3.26}$$

em que $\hat{A}=RFW=\hat{A}_{m \times N^2}$.

A Eq. (3.24) representa o modelo tradicional de amostragem em MRI, enquanto que a Eq. (3.26) enquadra-se em um problema possível de ser tratado sob perspectiva do CS. Nesta última, o desafio é encontrar uma matriz $\hat{A}$ com tamanho mínimo e configuração otimizada para a obtenção de bons resultados na busca por x.

Diferentemente da Fig. 3.12, na Fig. 3.13 é apresentado um esquema randômico de subamostragem do campo, utilizado para reconstrução via CS. Na Fig. 3.14 (a) e (b) são apresentados, respectivamente, os resultados da reconstrução de parte do abdômen de um paciente, utilizando as técnicas atuais e com a utilização do CS.

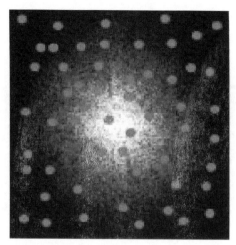

Fig. 3.13 *Esquema randômico de subamostragem. Os pontos em vermelho são as regiões no plano da Transformação de Fourier que foram amostradas. Fonte: [147].*

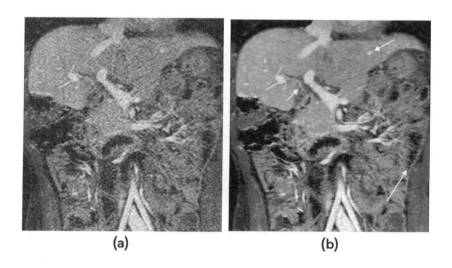

Fig. 3.14 *Resultado do processo de obtenção de imagem em MRI; (a) com base nos métodos tradicionais e (b) utilizando técnicas de CS. Fonte: [10].*

Na Fig. 3.14 (b), em uma análise qualitativa, é possível perceber menor quantidade de ruídos em relação à Fig. 3.14 (a), além de melhor visualização de detalhes técnicos. Ademais, o tempo de processamento foi reduzido em um fator de 7.2 quando comparado ao método tradicional [10]. Os resultados promissores da utilização de CS aplicado à MRI, têm impulsionado pesquisas e produzido avanços em termos de redução de tempo de processamento e melhora na qualidade das imagens obtidas.

3.5 HOLOGRAFIA DIGITAL COMPRESSIVA

A exemplo dos vetores $\tilde{x}$ e y da Eq. (3.8), no sensoriamento compressivo busca-se obter informação completa a partir de um sinal representado por um vetor que passou por uma redução dimensional.

Conforme visto no capítulo anterior, na holografia, a informação tridimensional é codificada em um espaço bidimensional, ou seja, também pode ser entendida como tendo passado por uma redução dimensional, o que indica a existência de certa similaridade com sistemas de amostragem analisados sob a óptica do sensoriamento compressivo.

Em 2009, Brady et. al. [17] aplicaram conceitos de CS em hologramas de Gabor para reconstruir objetos tridimensionais espacialmente esparsos. Posteriormente o conceito foi estendido a outras montagens como a holografia fora de linha [148] e a de Fourier sem lentes [149].

Por ser uma área extensivamente pesquisada, na última década surgiram aplicações com configurações e objetivos distintos, como a Tomografia Holográfica Compressiva [150], a Holografia Compressiva de Ondas Milimétricas [128], a Holografia Compressiva de Objetos Difusos [151] e a recuperação de objetos parcialmente oclusos [152], que evidenciam o poder da utilização do CS em Holografia Digital (HD) frente aos diversos problemas inerentes aos distintos sistemas físicos.

A ideia principal do processo é a interpretação da função que descreve a propagação das ondas como um operador de sensoriamento que codifica informação tridimensional em um espaço bidimensional. Sob essa perspectiva, a informação original, de dimensionalidade maior, pode ser recuperada por um processo de inversão a partir do conjunto de medidas obtidas.

No caso da Holografia por Aproximação de Fresnel, no regime de campo distante, a luz espalhada pelo objeto, ao se propagar até o plano de gravação do holograma por uma distância z que atenda à Ineq. (2.46), pode ser modelada pela equação de Fresnel em sua forma discreta que, com o auxílio da Eq. (2.27) e Eq. (2.35) pode ser escrita como:

$$O(m,n) = \frac{1}{i\lambda z} exp\left[\frac{i\pi}{\lambda z}(m^2 \Delta\xi^2 + n^2\Delta\eta^2)\right]$$
$$\times F\left\{o(k,l)exp\left[\frac{i\pi}{\lambda z}(k^2\Delta x^2 + l^2 \Delta y^2)\right]\right\}, \tag{3.27}$$

em que $o(k,l)$ é o campo espalhado pelo objeto em $z=0$, $O(m,n)$ é o campo propagado pela distância z, Δx e Δy são as dimensões dos *píxeis* no plano $z=0$ e $\Delta\xi$ e $\Delta\eta$ são as dimensões dos *píxeis* do campo $O(m,n)$ que obedecem à relação imposta pela Eq. (2.35).

Em sua versão matricial, a Eq. (3.27) pode ser escrita como:

$$U_z = AQ_1FQ_2u, \tag{3.28}$$

em que $Uz \in \mathbb{R}^N$ é um vetor que representa o campo propagado por uma distância z, $A = (i\lambda z)^{-1}$, Q_1 e Q_2 são matrizes diagonais cujos elementos não nulos são os termos de fase quadráticos da Transformação de Fresnel, $F = F_{K \times K}$ é a matriz que representa a transformação discreta de Fourier e $u \in \mathbb{R}^K$ representa o campo complexo espalhado pelo objeto em $z=0$. Ao estabelecer $AQ_1 FQ_2 = P$, a Eq. (3.28) pode ser reescrita como:

$$U_z = Pu \tag{3.29}$$

Conforme já demonstrado, em uma montagem holográfica a intensidade luminosa do campo que chega aos sensores da câmera pode ser descrita como:

$$
\begin{aligned}
I(m,n) &= |R(m,n)+O(m,n)|^2 \\
&= |R(m,n)|^2 + |O(m,n)|^2 + R^*(m,n)O(m,n) \\
&\quad + R(m,n)O^*(m,n),
\end{aligned}
\tag{3.30}
$$

em que $R(m,n)$ é o feixe referência que, por simplicidade, será considerado como uma onda plana e $O(m,n)$ é o campo espalhado pelo objeto.

O termo $|R(m,n)|^2$ pode ser removido, dentre outras formas, pela utilização de um filtro passa baixa no plano da Transformação de Fourier de $I(x,y)$. Como, no caso, $R(m,n)$ é uma onda plana, ou seja, constante ao longo do pano dos sensores, se, por clareza, considerarmos $R(m,n)=1$, a Eq. (3.30) pode ser reescrita como:

$$
\begin{aligned}
I(m,n) &= |R(m,n)+O(m,n)|^2 = |O(m,n)|^2 + O(m,n) + O^*(m,n) \\
&= 2Re\{O(m,n)\} + |O(m,n)|^2.
\end{aligned}
\tag{3.31}
$$

Com o auxílio da Eq. (3.29), ao reescrever a Eq. (3.31) em termos de operadores matriciais em um sistema linear, obtém-se:

$$
g = 2RU_z + q + n = 2RPu + q + r = 2RPu + \mu,
\tag{3.32}
$$

em que $\mu = q + n$, $q \in \mathbb{R}^{M \times N}$ representa o termo não linear da equação, n é um valor estimado para ruídos presentes como o *speckle* e o aditivo gaussiano, $g \in \mathbb{R}^{M \times N}$ é a informação obtida pela câmera, M e N são, respectivamente, o número de sensores na direção x e y e R retorna a parte real do vetor sob o qual atua.

Em termos práticos, μ é tratado como um ruído estimado de norma ϵ e o sistema linear da Eq. (3.32) pode ser invertido via inferência compressiva pela minimização da norma l_1 em uma base com u esparso.

Conforme visto no capítulo 2, em montagens holográficas é inevitável a presença de ruídos diversos devido a variações térmicas e elétricas nos sensores do CCD, vibrações mecânicas e até pela própria natureza coerente da luz utilizada. Diversos trabalhos em holografia compressiva como [17, 128, 151, 153] exploram o fato de que as imagens naturais reconstruídas holograficamente geralmente possuem esparsidade no domínio de representação de seu gradiente, de forma que, de acordo com Rudin et. al. [154], em substituição à norma l_1, pode ser imposta uma condição esparsa na variação total do vetor solução. Essa condição, que pode ser entendida como a norma l_1 do gradiente do vetor solução, possui como vantagem maior imunidade a ruídos como o gaussiano e o *speckle*. Com isso, a Eq. (3.9) pode ser substituída pela relação que define a variação total como:

$$min \, \| u \|_{TV} \qquad \text{sujeito a} \qquad \| g\text{-}2RPu \|_{l_2} \leq \epsilon, \qquad (3.33)$$

com $\| u \|_{TV}$ na forma:

$$\| u \|_{TV} = \sum_{i,j=1}^{N_x,N_y} | u_{i,j}\text{-}u_{i\text{-}1,j} | + | u_{i,j}\text{-}u_{i,j\text{-}1} |. \qquad (3.34)$$

É interessante observar que para $\lim_{z \to \infty} P$ e pontos em torno da origem, P aproxima-se de uma transformação discreta de Fourier $\tilde{P}$ que, como já dito no subcapítulo 3.3.2, possui baixa coerência com a base de representação no espaço das posições e, por conseguinte, RIP apropriada ao CS. Além disso, é possível demonstrar que a coerência entre uma matriz randômica de subamostragem Φ e a que representa $\tilde{P}$ pode ser calculada pela relação [155]:

$$\mu = Nmax|\tilde{P}_{i,j}|^2. \qquad (3.35)$$

o geral, para Φ e $\tilde{P}$, $\mu \approx 1$ e a Ineq. (3.17) assume a forma:

$$m \geq Cslog(N), \qquad (3.36)$$

o que indica a possibilidade de otimização na eficiência ao criar esquemas de subamostragem randômicos com maior densidade espacial de sensores em torno da origem.

Essa característica é demonstrada nos resultados apresentados na Fig. 3.15. A Fig. 3.15 (a) apresenta o holograma de uma moeda gravado em uma montagem fora de linha e a Fig. 3.15 (b) o resultado de sua reconstrução pela utilização da Transformação de Fresnel. A Fig. 3.15 (c) apresenta um esquema de subamostragem com apenas 8% da informação dos elementos da Fig. 3.15 (a), selecionados randomicamente, com maior concentração de amostras próximo ao centro do holograma. A Fig. 3.15 (d) contém o resultado da reconstrução do holograma da Fig. 3.15 (c) pela utilização da Transformação de Fresnel e a Fig. 3.15 (e) o resultado da reconstrução da Fig. 3.15 (c) via CS.

Ainda que de forma qualitativa, é perceptível a superioridade na utilização do CS, em que, mesmo com apenas 8% das amostras do holograma original, foi possível reconstruir a imagem com baixo ruído e quantidade de detalhes comparável à técnica tradicional que utiliza Transformação de Fresnel sobre 100% da informação do holograma.

SENSORIAMENTO ÓPTICO COMPRESSIVO 143

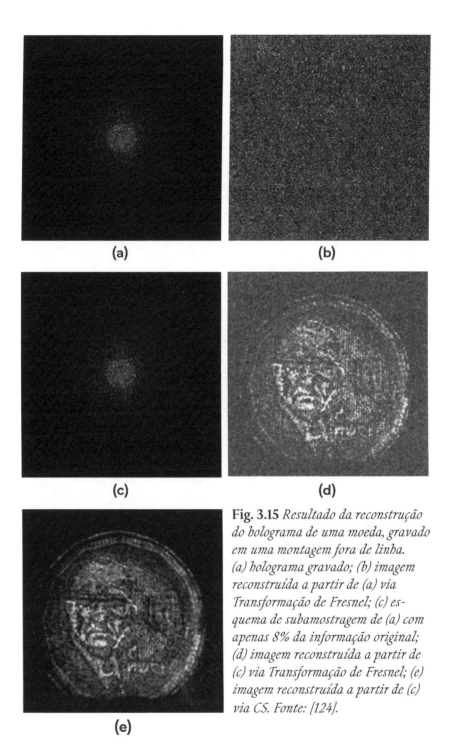

Fig. 3.15 *Resultado da reconstrução do holograma de uma moeda, gravado em uma montagem fora de linha. (a) holograma gravado; (b) imagem reconstruída a partir de (a) via Transformação de Fresnel; (c) esquema de subamostragem de (a) com apenas 8% da informação original; (d) imagem reconstruída a partir de (c) via Transformação de Fresnel; (e) imagem reconstruída a partir de (c) via CS. Fonte: [124].*

3.6 ALGORITMOS ITERATIVOS EM CS APLICADOS À HOLOGRAFIA DIGITAL

Ao trabalhar com imagens em CS, uma grande dificuldade técnica que se apresenta é o tamanho das matrizes envolvidas na modelagem do problema.

Como exemplo, podemos citar um sistema, descrito pela Eq. (3.22), de subamostragem de uma imagem digital. Se a solução buscada for uma imagem com 1024x1024 *píxeis*, sua representação vetorial será $x \in \mathbb{R}^{1024^2}$ ou $x \in \mathbb{R}^{1.048.576}$. Com isso, será necessário termos uma base de representação $\Psi^{T}_{(1024^2) \times (1024^2)}$ com aproximadamente 10^{12} elementos, o que em termos computacionais implica na alocação de aproximadamente 1 Terabyte de memória RAM, algo impraticável para os computadores da atualidade. Mesmo abordagens alternativas como segmentação de matrizes para o cálculo, necessitam de muito espaço em HD e demoram um tempo demasiadamente longo devido às recorrentes operações de leitura e escrita em disco. A abordagem matricial em imagens com dimensões iguais ou superiores a 1024x1024, acaba por inviabilizar o uso do CS.

Frente a essa dificuldade, foram desenvolvidas soluções com o intuito de resolver, de forma mais rápida e eficiente, distintos problemas de minimização em vetores com dimensionalidade da ordem de 1024^2. Algoritmos como o de procura de base [156], de reconstrução esparsa por aproximação separável [157], de espectro de gradiente projetado (SPGL1[11]) [158], de projeção de gradiente para reconstrução esparsa (GPSR[12]) [159] e iterativo de dois passos para minimização por limiarização (TwIST[13])[160], utilizam ferramentas matemáticas sofisticadas e vêm constantemente sendo aperfeiçoados.

---

11   Do inglês, *spectral projected-gradient L1 norm.*
12   Do inglês, *gradient projection for sparse reconstruction.*
13   Do inglês, *two-step iterative shrinkage thresholding.*

Dentre os mencionados, os GPRS e TwIST têm se destacado na área de Holografia Compressiva. Por serem algoritmos iterativos, ao invés de trabalhar com matrizes extensas, utilizam funções computacionais que atuam como operadores para transferir a carga ao processador. Apesar de ocasionar aumento no tempo de processamento, essa abordagem possibilita o trabalho com imagens de dimensões superiores a 4096x4096 *píxeis*.

Dentre o GPRS e o TwIST, o primeiro se destaca por possuir uma convergência mais rápida enquanto o segundo permite uma melhor estimação de ruídos, o que resulta em imagens reconstruídas com maior riqueza de detalhes e menor incidência dos já mencionados fatores indesejados como imagem gêmea, efeitos de borda, ruídos diversos como o *speckle* e gaussiano branco, ainda que ao custo de maior tempo de processamento.

Como veremos adiante, como nossa proposta envolve a magnificação de um campo, a presença de ruídos torna-se fator de grande impacto pois também são magnificados no processo. Como o atual trabalho objetiva apresentar uma proposta de magnificação holográfica sem a presença, ou em grau consideravelmente reduzido, desses elementos que prejudicam a reconstrução, optamos por utilizar o TwIST, ainda que ao custo de maior consumo computacional.

O TwIST é um algoritmo iterativo de dois passos com rápida convergência em sistemas mal condicionados[14], ou seja, a cada iteração, o vetor solução é alterado com base em seu valor nas duas, ou mais, iterações anteriores até que seja atendido um critério de convergência para minimização de uma função $f: x \to RN = (-\infty, +\infty)$ de modo que:

---

[14] No escopo do atual trabalho, sistemas mal condicionados são os que apresentam ruído.

$$\hat{x} = \arg min_x \, \{f(x) = \| y - Kx \|_{l_2}^2 + \lambda \, \Phi(x)\}. \qquad (3.37)$$

em que $y \in \mathbb{R}^M$ é a informação observada (possivelmente) ruidosa, $x \in \mathbb{R}^N$, com $N \geq M$, é a informação original, $K: x \to y$ é um operador linear que atua em x para transformá-lo em y, $\Phi: x \to \mathbb{R}^N$ é um operador regularizador, como por exemplo, o de variação total definido pela Eq. (3.34), $\lambda \in (0, +\infty)$ é conhecido como parâmetro de regularização e define a proporção entre o regularizador e o termo $\| y - Kx \|_{l_2}^2$, que mede a proximidade do candidato a solução com o valor observado. Em sistemas ruidosos, i.e., $y = Kx + \mu$, com μ sendo um ruído estimado com norma ε, ao minimizar $\| y - Kx \|_{l_2}^2$, minimiza-se, também, a quantidade de ruídos presente na solução encontrada.

Com o TwIST é possível construir operadores de sensoriamento e projeção de base que executam cálculos complexos cujos resultados podem ser utilizados como parâmetros nas iterações do algoritmo. A construção desses operadores pode ser otimizada de maneira a não ser necessário utilizar matrizes extensas para trabalhar com os vetores x e y. Dessa forma é possível aplicá-lo em holografia digital, que atualmente trabalha com imagens cujo número de *píxeis* é da ordem de 1024^2 elementos.

Neste capítulo foi apresentada a teoria do sensoriamento compressivo que abre margem para um novo paradigma em que a informação completa, desde que o sistema atenda a determinados critérios, pode ser inferida a partir de um número mínimo de medições pelo uso de ferramentas matemáticas sofisticadas como os algoritmos de otimização convexa por minimização de norma.

Para demonstrar seu potencial, apresentamos algumas aplicações desenvolvidas como a Câmera de *Pixel* Único e a Ressonância

Magnética Compressiva, que trazem ganhos em termos de qualidade e redução no tempo de processamento, além de maior imunidade a ruídos. Por fim, foi descrita a utilização do CS em holografia, no que veio a ser conhecida com Holografia Compressiva que, com um número substancialmente reduzido de informação amostrada, consegue reconstruir o campo por completo, filtrando, inclusive, ruídos como o gaussiano e o *speckle*.

No próximo capítulo será apresentada uma técnica que combina a holografia compressiva, abordada no subcapítulo 3.5, com a magnificação holográfica, explicada no subcapítulo 2.5. O objeto é desenvolver uma aplicação em holografia que permita ganho de resolução com imunidade a ruídos, na reconstrução a partir de um holograma sensoriado por um dispositivo com baixa taxa de amostragem.

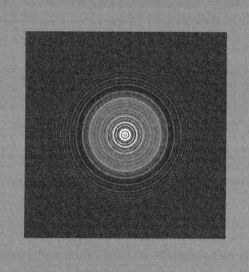

CAPÍTULO 4 | A MAGNIFICAÇÃO HOLOGRÁFICA COMPRESSIVA

Neste capítulo será apresentada a base teórica para uma proposta que utiliza a holografia compressiva em conjunto com a magnificação holográfica. A nova técnica viabiliza a reconstrução da imagem holográfica de forma magnificada com ganho de resolução e alta imunidade a ruídos, sem a presença de fatores como imagem gêmea e *speckle*.

DENTRE AS técnicas de magnificação holográfica, a que utiliza a Transformação de Fresnel-Bluestein (FBT) [116] destaca-se por sua versatilidade em permitir controle sobre o tamanho do *pixel* no plano de reconstrução, independentemente da distância de propagação, comprimento de onda ou número de *píxeis* do holograma.

Apesar das vantagens apresentadas, assim como nas tradicionais técnicas de magnificação holográfica, os ruídos também são ampliados no processo de reconstrução. Além disso, ao realizar o processamento sobre um holograma subamostrado, o resultado difere substancialmente da imagem reconstruída a partir da informação integral do holograma.

Neste capítulo será apresentada a proposta do atual trabalho que combina a magnificação holográfica por FBT com a Holografia Compressiva para a geração de uma técnica de magnificação holográfica compressiva que, por não se basear no cálculo da propagação de um feixe referência modulado pela função de transmitância do holograma, permite a reconstrução magnificada de imagens com maior imunidade a ruídos e livre de fatores como *speckle*, imagem gêmea e efeitos de borda, cuja eliminação se configuram como grande obstáculo mesmo nas aplicações holográficas mais atuais.

Sem a necessidade de modificação da montagem holográfica ou qualquer parâmetro experimental, nossa abordagem inovadora reconstrói imagens com qualidade superior aos atuais algoritmos de magnificação holográfica, mesmo ao trabalhar com hologramas bastante ruidosos.

Como veremos adiante, com base na teoria do CS, o sistema holográfico de aquisição e registro do holograma é modelado como um problema de inversão em sistemas lineares, de forma a interpretar o campo inicialmente espalhado pelo objeto e sensoriado pelo CCD como tendo passado por uma filtragem de frequências do tipo passa-baixa e projetado em uma base de Fresnel com magnificação ajustável. Desse modo, com o auxílio de algoritmos de limiarização é possível obter uma versão magnificada do campo inicialmente espalhado pelo objeto.

Após a apresentação da teoria a respeito da técnica desenvolvida, para validar sua viabilidade e eficiência, com base em hologramas sintetizados numericamente com distintos SNR e uma métrica robusta de análise de qualidade, compararemos os resultados obtidos com os, já apresentados, métodos de magnificação por *zero-padding*, ondas esféricas e por FBT. Por fim, para ratificar a capacidade em obter bons resultados ao trabalhar com dados obtidos do mundo real, analisaremos a magnificação na reconstrução feita a partir de hologramas gravados por um CCD em uma montagem holográfica experimental.

4.1 TEORIA

Como a FBT é obtida pelo rearranjo dos termos da equação de Fresnel que, como visto no capítulo 3, para valores próximos ao centro, se aproxima de uma transformação de Fourier que possui RIP apropriada para uso com CS, é natural presumir que possa ser utilizada em aplicações de holografia compressiva.

Para tal, inicialmente vamos supor uma função discretizada que representa o campo propagado por uma distância z na forma:

$$H(m,n) = \Im\{h(m,n)\}, \tag{4.1}$$

em que $\Im$ representa a transformação de Fresnel Bluestein dada pela Eq. (2.88) e $h(m,n)$ é o campo em $z=0$. Nesse ponto relembramos que, de acordo com a Eq. (2.94), é possível definir um fator de magnificação M_{ag} que estabelece uma proporção entre o tamanho dos *píxeis* nos planos que contém $h(m,n)$ e $H(m,n)$.

Para valores de M_{ag} menores do que 1, os *píxeis* no plano que contém $H(m,n)$ são menores do que os *píxeis* do plano que contém $h(m,n)$, o que produz um efeito, conforme apresentado na Fig. 2.21 (c), de ampliação da imagem reconstruída. O inverso ocorre para valores de M_{ag} maiores do que 1, em que, conforme visto na Fig. 2.21 (d), a imagem reconstruída sofre uma redução em seu tamanho devido a menor quantidade de *píxeis* disponíveis para compô-la.

Como estamos trabalhando com operadores em sistemas lineares, torna-se interessante escrever a Eq. (4.1) de forma matricial como:

$$H_z = \Im h_0 \tag{4.2}$$

em que $\Im_{K \times K}$ é o operador de propagação por FBT, $h_0 \in \mathbb{R}^K$ é um vetor que representa lexicograficamente o campo inicialmente espalhado em $z=0$, e $H_z \in \mathbb{R}^N$ é vetor que representa o campo propagado por uma distância z.

Conforme visto no capítulo 3, o processo de gravação do holograma pode ser descrito pela Eq. (3.32):

$$g=2RPu+\mu, \tag{3.32}$$

em que $g \in \mathbb{R}^{MN}$ representa o holograma gravado, M e N são, respectivamente, o número de *píxeis* do holograma na direção x e y, R retorna a parte real do vetor em que atua, $u \in \mathbb{R}^K$ é vetor que representa o campo inicialmente espalhado pelo objeto, $P_{K \times K}$ é o operador de propagação de campo e $\mu=q+n$, onde $q \in \mathbb{R}^{MN}$ representa os termos não lineares da equação e $n \in \mathbb{R}^{MN}$ foi introduzido como um valor estimado para os ruídos *speckle* e gaussiano aditivo. Basicamente, a Eq. (3.32) expressa que o valor medido pelos sensores pode ser entendido, sobretudo, como o resultado da atuação de um operador de propagação sobre um campo inicialmente espalhado, seguida da atuação de um operador que extrai os valores reais do campo propagado.

Conforme dito anteriormente, no CS, a imagem não é obtida a partir da propagação do feixe referência modulado pelo holograma, mas busca-se, por um processo de inversão, encontrar qual o campo inicialmente espalhado que, ao ser propagado, resulta no holograma registrado pelos sensores do meio holográfico.

Frente a essa abordagem, o processo de magnificação necessita ser observado sob um novo enfoque. Como a imagem reconstruída deve ser ampliada, o objetivo torna-se buscar a solução para o sistema cujo operador linear tenha atuado de forma a alterar o tamanho dos *pixeis* ao propagar o campo por uma distância z. Nesse contexto, com o mesmo raciocínio que levou à construção da Eq. (3.32), podemos definir:

$$g = 2R\,\mathfrak{I}h_0 + \mu,\qquad(4.3)$$

ou seja, o holograma registrado é entendido como resultado da atuação de um operador de propagação que realiza a FBT sobre o campo em que atua, seguido da atuação do operador R que retorna apenas os valores reais do campo propagado.

Como estamos utilizando a notação de operadores, típica de aplicações desenvolvidas com base na teoria do CS, é interessante reescrever a FBT, apresentada na Eq. (2.93), de modo a melhor se adequar à representação matricial.

Para isso, iniciamos com a reformulação do termo $B(m,n)$, representado pela Eq. (2.89) e reescrito abaixo para facilitar a consulta,

$$B(m,n) = \frac{exp\left(i\dfrac{2\pi z}{\lambda}\right)}{i\lambda z}\,exp\left\{-\frac{i\pi}{\lambda z}\,[\Delta\xi(\Delta x - \Delta\xi)m^2 + \Delta\eta(\Delta y - \Delta\eta)n^2]\right\}.\qquad(2.89)$$

Como, de acordo com a Eq. (2.94), $\Delta\xi = M_{ag}\Delta x$ e $\Delta\eta = M_{ag}\Delta y$, temos:

$$B(m,n) = \frac{exp\left(i\dfrac{2\pi z}{\lambda}\right)}{i\lambda z}\,exp\left\{-\frac{i\pi}{\lambda z}[M_{ag}\,\Delta x(\Delta x - M_{ag}\Delta x)\,m^2 + M_{ag}\Delta y(\Delta y - M_{ag}\Delta y)n^2\,]\right\},\qquad(4.4)$$

que, após rearranjo dos termos, pode ser escrita como:

$$B(m,n) = \frac{exp\left(i\dfrac{2\pi z}{\lambda}\right)}{i\lambda z}\,exp\left\{\frac{i\pi}{\lambda z}\,[M_{ag}\,\Delta x^2(M_{ag}-I)m^2 + M_{ag}\Delta y^2(M_{ag}-I)n^2\,]\right\},\qquad(4.5)$$

Considerando, por simplicidade, uma matriz de sensoriamento que representa sistemas típicos de imageamento, como CCDs, em que cada sensor possui aproximadamente as mesmas dimensões nas direções x e y, podemos fazer $\Delta x \approx \Delta y = \Delta$, de forma que:

$$B(m,n) = \frac{exp\left(i\frac{2\pi z}{\lambda}\right)}{i\lambda z}\, exp\left\{\frac{i\pi}{\lambda z}\,[M_{ag}\,\Delta^2(M_{ag}-1)m^2 + M_{ag}\Delta^2(M_{ag}-1)n^2\,]\right\} \quad (4.6)$$

ou

$$B(m,n) = \frac{exp\left(i\frac{2\pi z}{\lambda}\right)}{i\lambda z}\, exp\left[\frac{i\pi}{\lambda z}M_{ag}\,\Delta^2(M_{ag}-1)(m^2+n^2)\right]. \quad (4.7)$$

A Eq. (4.7) pode ser representada por uma matriz diagonal $B_{K\times K}$ com cada a_{pp} elemento dado por:

$$a_{pp} = \frac{exp\left(i\frac{2\pi z}{\lambda}\right)}{i\lambda z}exp\left[\frac{i\pi}{\lambda z}M_{ag}\,\Delta^2(M_{ag}-1)(p^2)\right]. \quad (4.8)$$

Seguindo o mesmo raciocínio para $f_1(m,n)$, apresentado na Eq. (2.91), excluindo o termo $I(m,n)$ que representa o campo a ser propagado, temos:

$$f_1(m,n) = exp\left\{\frac{i\pi}{\lambda z}\,[\Delta x(\Delta x - M_{ag}\,\Delta x)m_2 + \Delta y(\Delta y - M_{ag}\Delta y)n_2\,]\right\}, \quad (4.9)$$

$$f_1(m,n) = exp\left\{\frac{i\pi}{\lambda z}\,[\Delta^2(1-M_{ag})m^2 + \Delta^2(1-M_{ag})n_2\,]\right\}, \quad (4.10)$$

$$f_1(m,n) = exp\left[\frac{i\pi\Delta^2}{\lambda z}\,(1-M_{ag})(m^2+n^2)\right], \quad (4.11)$$

A Eq. (4.11) pode ser representada por uma matriz diagonal $F1_{K \times K}$ com cada a_{pp} elemento dado por:

$$a_{pp}=exp\left[\frac{i\pi\Delta^2}{\lambda z}\,(1\text{-}M_{ag})(p^2)\right],\qquad(4.12)$$

e para $f_2\,(m,n)$, também representado na Eq. (2.91), obtemos:

$$f_2\,(m,n)=exp\left[\frac{i\pi}{\lambda z}(M_{ag}\,\Delta x^2\,m^2+M_{ag}\Delta y^2\,n^2\,)\right],\qquad(4.13)$$

realizando as substituições para Δx e Δy,

$$f_2\,(m,n)=exp\left[\frac{i\pi}{\lambda z}\,(M_{ag}\,\Delta^2\,m^2+M_{ag}\Delta^2\,n^2\,)\right],\qquad(4.14)$$

por fim, ao rearranjar os termos,

$$f_2\,(m,n)=exp\left[\frac{i\pi}{\lambda z}\,M_{ag}\,\Delta^2\,(m^2+n^2\,)\right].\qquad(4.15)$$

A Eq. (4.15) pode ser representada por uma matriz diagonal $F2_{K \times K}$ com cada a_{pp} elemento igual a:

$$a_{pp}=exp\left(\frac{i\pi}{\lambda z}\,M_{ag}\,\Delta^2\,(i^2)\right).\qquad(4.16)$$

Como a representação matricial da Eq. (2.93) envolve o cálculo de transformações de Fourier, afim de obter economia em termos de processamento computacional, podemos obter analiticamente uma expressão para a transformação de Fourier de $F2_{K \times K}$.

Para tal, por simplicidade, consideremos a representação uni-dimensional da Eq. (4.15) como $f_2(m) = exp\left(\frac{i\pi}{\lambda z}M_{ag}\,\Delta^2(m^2)\right)$.

Se reescrevermos como resultado da amostragem de uma função $f_2(x)$ no espaço contínuo, temos:

$$f_2(m) = exp\left(\frac{i\pi}{\lambda z} M_{ag} x^2\right) \cdot \Pi\left(\frac{x}{\Delta}\right) \qquad (4.17)$$

em que:

$$\Pi\left(\frac{x}{\Delta}\right) = |\Delta| \cdot \sum \delta\left(x - \frac{m}{\Delta}\right) \qquad (4.18)$$

é uma função pente, de período Δ que realiza a amostragem de $f_2(x)$ para um espaço discreto.

Como a transformação de Fourier de uma função pente também é uma função pente [63], temos que:

$$\tilde{F}_2(m) = F[f_2(m)] = F\left[exp\left(\frac{i\pi}{\lambda z} M_{ag} x^2\right) \cdot \Pi\left(\frac{x}{\Delta}\right)\right]$$

$$= F\left[exp\left(\frac{i\pi}{\lambda z} M_{ag} x^2\right)\right] * F\left[\Pi\left(\frac{x}{\Delta}\right)\right]$$

$$= F\left[exp\left(\frac{i\pi}{\lambda z} M_{ag} x^2\right)\right] * \tilde{\Pi}(f_x) \qquad (4.19)$$

$$= \tilde{F}[f_2(x)] * \tilde{\Pi}(f_x)$$

com $f_2(x) = exp\left(\frac{i\pi}{\lambda z} M_{ag} x^2\right)$

Na relação da Eq. (4.19), $\tilde{F}_2(m)$ pode ser interpretada como $F[f_2(x)]$ repetida periódica e infinitamente no espaço de frequências. Neste caso, para viabilizar a representação numérica é utilizado um filtro passa-baixa com largura de banda igual ao período da função periódica $\tilde{F}_2(m)$ de modo a obter uma boa aproximação para sua transformação de Fourier.

Dessa forma, ao considerarmos a utilização de um filtro passa-baixa discreto $f_{pb}(m)$ temos:

$$F_2\,(m) \approx \{F\,[f_2\,(x)] \,*\, \mathrm{II}(f_x\,)\} \cdot f_{pb}\,(m). \tag{4.20}$$

Em termos práticos, a função $\widetilde{F}_2(m)$ é equivalente à representação de $F\,[f_2\,(x)]$ com a variável contínua f_x substituída por sua representação em um espaço discreto, na forma $f_x = m\Delta_x$.

Para calcular $F\,[f_2\,(x)]$ podemos fazer:

$$f_2\,(x) = exp\left(\frac{i\pi}{\lambda z}\,M_{ag}\,x^2\right) = exp(a_1\,x^2\,), \tag{4.21}$$

em que $a_1 = \dfrac{i\pi}{\lambda z}\,M_{ag}$.

Como $F\,[f(x)] = \dfrac{1}{\sqrt{a}}\,exp\left(-\dfrac{\omega_x^2}{2a}\right)$ para $f(x) = exp\left(-\dfrac{a}{2}\,x^2\right)$, ao comparar com $f_2(x)$, se fizermos $a = -2a_1 = -\dfrac{2i\pi}{\lambda z}\,M_{ag}$, podemos reescrever a Eq. (4.21) como:

$$f_2\,(x) = exp\left(-\frac{a}{2}\,x^2\right) \tag{4.22}$$

e

$$F\,[f_2\,(x)] = \frac{1}{\sqrt{a}}\,exp\left(-\frac{\omega^2}{2a}\right) = \left(-\frac{2i\pi}{\lambda z}\,M_{ag}\right)^{-\frac{1}{2}}\,exp\left(\frac{\lambda z}{4i\pi M_{ag}}\omega_x^2\right) \tag{4.23}$$

Como $\omega_x = 2\pi f_x$, temos:

$$F\,[f_2\,(x)] = \left(-\frac{2i\pi}{\lambda z}\,M_{ag}\right)^{-\frac{1}{2}}\,exp\left(\frac{\lambda z}{4i\pi M_{ag}}\,4\pi^2 f_x^2\right)$$

$$= \left(-\frac{2i\pi}{\lambda z}\,M_{ag}\right)^{-\frac{1}{2}}\,exp\left(\frac{\lambda z}{iM_{ag}}\right)\,\pi f_x^2 \tag{4.24}$$

Para transportar a Eq. (4.24) para o espaço de representação discretizado, conforme dito antes, podemos utilizar a relação $fx = m\Delta f$, em que Δf é a dimensão do elemento discreto no espaço de representação de frequências:

$$F\left[f_2(m)\right] \approx \left(-\frac{2i\pi}{\lambda z}\, M_{ag}\right)^{-\frac{1}{2}} exp\left[\frac{\lambda z \pi}{iM_{ag}}\,(m\Delta_{fx})^2\right]. \qquad (4.25)$$

Uma vez que os *píxeis* possuem as mesmas dimensões no espaço de representação de frequências e de posições, podemos fazer $\Delta = \Delta_f$ de modo que:

$$\widetilde{F}_2\,(m) \approx \left(-\frac{2i\pi M_{ag}}{\lambda z}\right)^{-\frac{1}{2}} exp\left[\frac{\pi\lambda z\Delta^2}{iM_{ag}}\,m^2\right]. \qquad (4.26)$$

Em notação matricial podemos representar $\widetilde{F}_2(m)$ por uma matriz diagonal $\widetilde{F}_{2\,K\times K}$ com cada elemento a_{pp} igual a:

$$a_{pp} = \left(-\frac{2i\pi}{\lambda z M_{ag}}\right)^{-\frac{1}{2}} exp\left[\frac{\pi\lambda z\Delta^2}{iM_{ag}}\,p^2\right]. \qquad (4.27)$$

Tendo definido a representação matricial para os elementos da Eq. (2.93), $\mathfrak{F}$ pode ser escrito em termos de operadores como:

$$\mathfrak{F} = BF^{-1}\,\widetilde{F}_2\,FF_I \qquad (4.28)$$

em que $F^{-1}_{K\times K}$ é a matriz que representa a operação inversa do operador de transformação de Fourier $F_{K\times K}$.

Conforme visto no subcapítulo 2.3.2, no processo de sensoriamento pelo CCD, devido ao tamanho finito dos sensores, há uma filtragem de frequências do tipo passa-baixa, que ocasiona perda de resolução do holograma registrado.

Como o CS é um processo de inversão, para melhorar a precisão na busca pelo campo inicialmente espalhado, é importante que o sistema represente o sensoriamento pelo CCD com a maior fidelidade possível. Dessa forma, sem prejuízo para o desenvolvimento do trabalho, podemos reescrever a Eq. (4.3) como:

$$g = 2\Theta R \Im h_0 + \mu, \qquad (4.29)$$

na qual foi introduzido o operador $\Theta_{K \times K}$ que, de forma semelhante ao efeito ocasionado pelo tamanho finito dos *píxeis* da matriz do CCD, filtra componentes de alta frequência do sinal, induzindo um efeito de embaçamento como resultado da perda de resolução da informação amostrada.

Senso assim, de modo análogo ao expresso na Eq.(2.64), Θ pode ser definido como um operador que realiza a convolução do sinal amostrado por uma função de resposta de *pixel* (PRF) que, pelos motivos apresentados no subcapítulo 2.3.2, pode ser aproximada por uma função gaussiana. Isto posto, com o auxílio do teorema da convolução, podemos expressar Θ como:

$$\Theta = F^{-1} GF \qquad (4.30)$$

em que $G_{K \times K}$ é uma matriz gaussiana diagonal, obtida pelo cálculo da transformação de Fourier da PRF do CCD, também gaussiana. De forma simples, Θ atua pela transformação de Fourier do sinal, seguida pela atuação de um operador que filtra as altas frequências do sinal e por um operador que realiza sua transformação inversa de Fourier. A sequência de operações tem como resultado a redução da resolução de forma semelhante ao que ocorre nos dispositivos CCDs reais.

Tendo definido $\Im$ e Θ, a Eq. (4.29) pode ser reescrita como:

$$g = 2R\Theta\Im h_0 + \mu = 2RF^{-1}GFAF^{-1}\tilde{F}_2\,FF_1\,h_0 + \mu \qquad (4.31)$$

ou

$$g = Th_0 + \mu \qquad (4.32)$$

em que $T = 2RF^{-1}GFAF^{-1}\tilde{F}_2FF_1$ é um operador que, ao atuar em h_0, a menos de uma constante multiplicativa, retorna a parte real do campo magnificado após ser propagado por uma distância z e subamostrado pelo CCD.

Como o CS é um processo de inversão, em nossa proposta o operador T é modelado de modo que os *píxeis* do plano que contém h_0 sejam menores do que os do plano que contém g, ou seja, temos o parâmetro $M_{ag} > 1$ para o operador $\Im$ de propagação com magnificação. Dito de outra forma, o holograma registrado pelos sensores da câmera é visto como resultado da propagação de um campo que passou por um processo de demagnificação. Ao buscar a solução para o sistema, encontra-se um campo com *píxeis* menores do que no plano do holograma, o que faz com que haja uma densidade maior de elementos discretos para representar a informação que, por conseguinte, aparece magnificada.

Destarte, para a aplicação desenvolvida nesse trabalho, T pode ser entendido como um operador de propagação holográfica demagnificada com redução de resolução.

Em termos práticos, , o ruído μ com norma ϵ pode ser estimado e o sistema da Eq. (4.32) invertido por inferência compressiva ao impor uma condição de esparsidade na variação total do vetor solução de acordo com a Eq. (4.33):

$$min\|h_0\|_{TV} \quad \text{de forma que} \quad \|g\text{-}Th_0\|_{l2} \le \in, \qquad (4.33)$$

com $\|h_0\|_{TV}$ na forma:

$$\|h_0\|_{TV} = \sum_{i,j=1}^{M,N} \left| h_{0_{i,j}} - h_{0_{i-1,j}} \right| + \left| h_{0_{i,j}} - h_{0_{i,j-1}} \right| \qquad (4.34)$$

Após apresentação da teoria que modela o problema, o próximo passo é a verificação de sua viabilidade ao reconstruir imagens a partir de amostras holográficas diversas. Para isso, utilizamos uma versão adaptada do algoritmo iterativo de limiarização, TwIST, apresentado no subcapítulo 3.4, para resolução do sistema e reconstrução magnificada de imagens a partir de hologramas sintetizados numericamente e obtidos em laboratório.

Como nossa proposta envolve a magnificação de um campo, a presença de ruídos torna-se fator de grande impacto por também serem magnificados no processo. Como o atual trabalho objetiva apresentar uma proposta de magnificação com redução de fatores tipicamente indesejados em holografia, a escolha do TwIST, em detrimento do GPRS, se deve ao fato do primeiro permitir uma melhor estimação dos ruídos, o que resulta em imagens reconstruídas com maior riqueza de detalhes e menor incidência de fatores como imagem gêmea, efeitos de borda, ruído *speckle* e gaussiano branco, ainda que ao custo de maior tempo de processamento.

Na próxima seção, serão apresentadas as amostras que servirão para aferição da efetividade de nossa técnica, bem como os detalhes de obtenção dos hologramas e o método de análise da qualidade das imagens reconstruídas.

4.2 SIMULAÇÕES E EXPERIMENTOS

Como em aplicações reais, distorções no holograma ocasionadas pela presença de ruídos provenientes de fontes diversas se impõem como grande desafio em aplicações com holografia digital, para avaliar a efetividade de nossa técnica ao reconstruir imagens com magnificação a partir de hologramas ruidosos, efetuamos a análise de reconstruções a partir de hologramas sintetizados numericamente e obtidos experimentalmente.

Aos hologramas sintetizados foram adicionados ruídos em diversos níveis de intensidade e reconstruídos com magnificação pelas técnicas de *zero-padding*, ondas esféricas, FBT e por nosso método.

Todas as imagens reconstruídas foram comparadas com sua versão em alta resolução e graduadas pela análise do Índice de Similaridade Estrutural (SSIM) [161, 162] que, diferentemente de métodos comumente utilizados como Erro Quadrático Médio (MRE) [163] e Relação Sinal-ruído de Pico (PSNR) [96], possibilita um estudo mais rigoroso a respeito da efetividade na reconstrução magnificada por combinar a análise da estrutura local da imagem, intensidade luminosa e contraste, de forma similar ao realizado pela visão humana.

De forma mais detalhada, para a simulação numérica, a partir de uma função discreta de valores reais $t_o(m,n) \mid 0 \leq t_o(m,n) \leq 1$, foi gerada uma imagem digital com 3072x3072 *píxeis*, apresentada na Fig. 4.1 (a).

A Fig. 4.1 (b) apresenta a região destacada na Fig. 4.1 (a) em que é possível perceber a suavidade na curvatura dos anéis concêntricos, propiciada pelo elevado número de *píxeis* utilizado para representar a imagem.

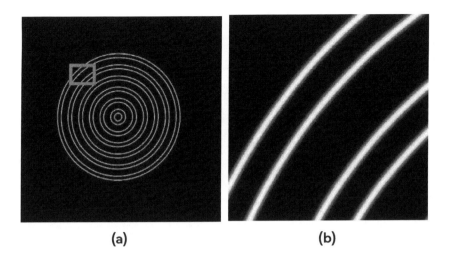

Fig. 4.1 *(a) Imagem criada numericamente com 3072x3072 píxeis; (b) região marcada em azul em (a).*

Para a síntese dos hologramas foi utilizado um algoritmo desenvolvido com o software de processamento matemático Matlab©, que realiza o cálculo da propagação numérica do campo segundo a transformação discreta de Fresnel apresentada na Eq. (2.36).

Com base na imagem mostrada na Fig. 4.1 (a) e com o auxílio do algoritmo desenvolvido, foi calculada a propagação numérica de um feixe $O_0(m,n)$ modulado pela função de transmitância $t_0(m,n)$ e de um feixe referência $R_0(m,n)$, composto por uma onda plana. Posteriormente, foi realizada a síntese do hologram $h(m,n)$ pela soma dos campos propagados e multiplicação pelo conjugado dessa mesma soma, de acordo com a relação:

$$h(m,n)=|O_0(m,n)+R_0(m,n)|^2=|Z(m,n)|^2=Z(m,n)\cdot Z(m,n)^*, \quad (4.35)$$

com $Z(m,n)=O_0(m,n)+R_0(m,n)$, gerando o hologram com 3072x3072 *píxeis*, mostrado na Fig. 4.2 (a).

Conforme já dito, o processo de sensoriamento pelo CCD induz a uma perda de resolução e adição de ruídos ao sinal registrado. Para simular esse efeito, o holograma da Fig. 4.2 (a) foi convolvido por uma imagem com perfil gaussiano como a da Fig. 4.2 (b), subamostrado para possuir 512x512 *píxeis* e adicionado um ruído gaussiano branco de forma a ter $SNR=10dB$, conforme mostrado na Fig. 4.2 (c).

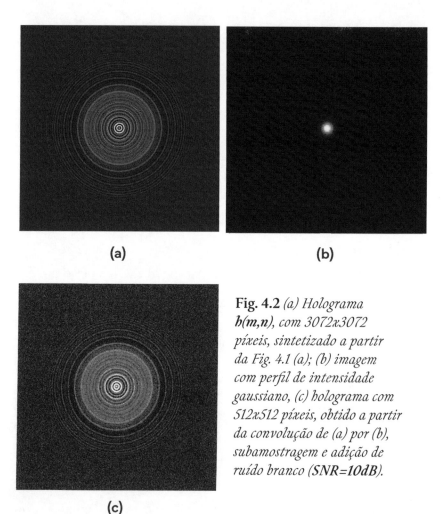

Fig. 4.2 *(a) Holograma h(m,n), com 3072x3072 píxeis, sintetizado a partir da Fig. 4.1 (a); (b) imagem com perfil de intensidade gaussiano, (c) holograma com 512x512 píxeis, obtido a partir da convolução de (a) por (b), subamostragem e adição de ruído branco (SNR=10dB).*

Os planos paralelos que contém o objeto e de formação do holograma estavam a uma distância **d=25mm** entre si e o comprimento de onda utilizado para os feixes foi λ=**632.8nm**.

De forma similar à Fig. 4.1, a imagem com 3072x3072 *píxeis*, mostrada na Fig. 4.3, foi construída numericamente e, a partir desta, gerado o holograma da Fig. 4.4.

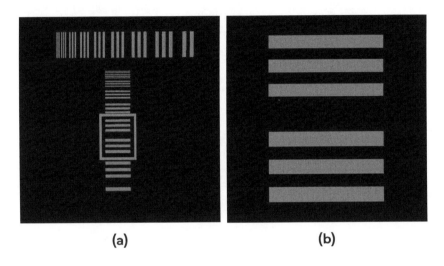

(a) (b)

Fig. 4.3 *(a) Imagem criada numericamente com 3072x3072 píxeis; (b) região marcada em azul em (a).*

O holograma da Fig. 4.4 (a) foi convolvido por uma imagem com perfil gaussiano como a da Fig. 4.2 (b), subamostrado para possuir 512x512 *píxeis* e adicionado um ruído gaussiano branco de forma que *SNR*=5*dB*, conforme mostrado na Fig. 4.4 (b).

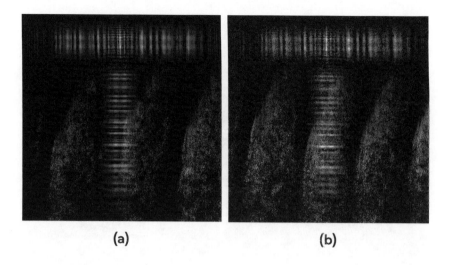

(a) (b)

Fig. 4.4 *(a) Holograma **h(m,n)**, com 3072x3072 píxeis, sintetizado a partir da Fig. 4.3 (a); (b) holograma com 512x512 píxeis, obtido a partir da convolução de (a) por Fig. 4.2 (b), subamostragem e adição de ruído branco (SNR=5dB).*

A criação dos hologramas subamostrados a partir de imagem sintetizada em alta resolução viabiliza a utilização da métrica SSIM, que fornece um parâmetro mais robusto para comparação da qualidade da reconstrução.

Basicamente, as imagens com 3072x3072 *píxeis*, reconstruídas de forma magnificada a partir dos hologramas ruidosos da Fig. 4.2 (c) e Fig. 4.4 (b), podem ser comparadas algoritmicamente, pela métrica SSIM, com a imagem original, também com 3072x3072, em alta resolução e sem a presença de ruídos. A SSIM, como dito antes, analisa características como luminância, contraste e estrutura para graduar a similaridade em valores que variam de 0 a 1, sendo que, quanto mais próximo de 1, mais similares são as imagens, sendo igual a 1, apenas quando forem idênticas.

Adicionalmente, para avaliar a imunidade de nosso método na reconstrução a partir de hologramas com distintos SNRs, com base em h(m,n), mostrado na Fig. 4.2 (a), foram criados $h_k(m,n)$, com $k=1,\cdots 50$, hologramas subamostrados de 512x512 *píxeis* e a cada $h_k(m,n)$ foi adicionado ruído gaussiano branco de modo que $SNR[h_k(m,n)]=kdB$. O objetivo é poder comparar a similaridade das imagens reconstruídas a partir desses $h_k(m,n)$ com a imagem original da Fig. 4.1 (a) para um estudo mais amplo da efetividade das técnicas apresentadas.

A análise experimental foi realizada sobre reconstruções feitas a partir de hologramas obtidos na montagem de holografia em linha apresentada na Fig. 4.5. Neste esquema, P representa um filtro espacial e O uma lente objetiva. Os hologramas com 512x512 *píxeis* foram gravados por um CCD Sony modelo XCD-SX910, com resolução máxima de 1376x1024 *píxeis*, cujos sensores têm 4,65±0,05 μm de comprimento nas direções horizontal e vertical, respectivamente. Uma das vantagens em utilizar esse modelo de CCD, que possui arquitetura IT (Interline Transfer) [164], é sua capacidade em registrar imagens com curtos tempos de exposição, o que viabiliza o registro de elevado número de hologramas por segundo.

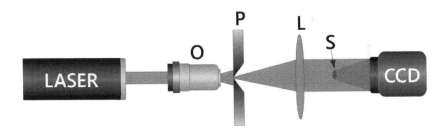

Fig. 4.5 *Montagem experimental de holografia em linha em que O é uma lente objetiva, P é um filtro espacial e S a amostra a ser holografada. A luz do laser de He-Ne possui* $\lambda=632.8nm$.

No experimento, as amostras S foram colocadas a uma distância d do dispositivo de aquisição e iluminadas por um laser de He-Ne com comprimento de onda $\lambda=632.8\text{nm}$ e potência nominal de $35mW$. O plano que contém o CCD é perpendicular à direção de propagação do feixe luminoso e S possui dimensões tais que parte da luz que ilumina o CCD não interage com a amostra, o que viabiliza a geração do holograma.

Neste ponto convém mencionar que a precisão de dois dígitos decimais nas medidas de distância informadas nos experimentos foi otimizada pela utilização de algoritmo de procura de plano com maior nitidez da imagem da amostra, desenvolvido especificamente para apoiar as análises experimentais realizadas neste trabalho. O algoritmo funciona pela busca, a partir de uma posição inicial, da distância de reconstrução em que o objeto analisado é visualizado com maior nitidez. Para isso, a partir da distância d, medida experimentalmente, são realizadas sucessivas transformações de Fresnel para a reconstrução em $p=1,\cdots,P$ planos próximos e paralelos, com distância de separação Δ_p entre si. Após as reconstruções, com base no cálculo de maximização da variação total de cada imagem reconstruída, é encontrado o plano, na distância $d+p\Delta_p$, em que a amostra S possui melhor definição e, portanto, corresponde a uma posição mais aproximada da verdadeira no ato de gravação do holograma.

A Fig. 4.6 apresenta o holograma, com 512x512 *píxeis*, obtido ao utilizar uma fibra óptica monomodo com diâmetro de 125±3 μm de casca e 9±1 μm de núcleo, como amostra S, na montagem experimental apresentada na Fig. 4.5. Neste experimento a distância entre os planos paralelos que contém a amostra e a matriz de sensores do CCD é d=24,03±0,05 mm.

SENSORIAMENTO ÓPTICO COMPRESSIVO

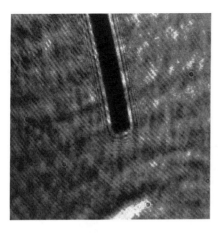

Fig. 4.6 *Holograma com 512x512 píxeis de uma fibra óptica monomodo, obtido na montagem experimental de hografia em linha apresentado na Fig. 4.5. No ato de gravação do holograma, a distância da fibra ao CCD foi* **d=24,03±0,05 mm.**

A Fig. 4.7 apresenta o holograma, também com 512x512 *píxeis*, obtido pela utilização de um padrão de teste de resolução USAF 1951 positivo de 2"×2" (da Thorlabs Inc., Newton, New Jersey, USA) como amostra S. Classicamente utilizado para caracterização de sistemas de imagem, possui padrões retangulares com números e linhas de diferentes tamanhos e frequências espaciais que viabilizam análises a respeito da resolução e disponibilidade de detalhes da imagem magnificada. Neste experimento a distância entre os planos paralelos que contém a amostra e a matriz de sensores do CCD é d=22,61±0,05mm.

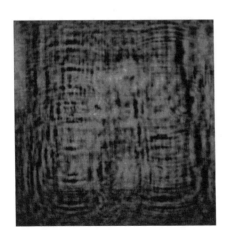

Fig. 4.7 *Holograma com 512x512 píxeis de um padrão de teste de resolução USAF 1951 positivo, obtido na montagem experimental de holografia em linha apresentado na Fig. 4.5. No ato de gravação do holograma, a distância da fibra ao CCD foi* **d=22,61±0,05 mm.**

A Fig. 4.8 mostra o holograma, também com 512x512 *píxeis*, obtido ao utilizar um canal com partículas de vidro dispersas em água, como amostra S, na montagem experimental apresentada na Fig. 4.5. Neste experimento a distância entre os planos paralelos que contém a amostra e o CCD é d=45,60±0,05mm.

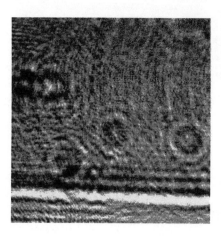

Fig. 4.8 *Holograma com 512x512 píxeis de partículas de vidro imersas em água, obtido na montagem experimental de hografia em linha apresentado na Fig. 4.5. No ato de gravação do holograma, a distância da amostra ao CCD foi* d=45,60±0,05 mm.

Assim como no caso dos hologramas gerados numericamente, com base nos experimentais foram reconstruídas imagens magnificadas pelas técnicas de *zero-padding*, de ondas esféricas, por FBT e por nossa técnica. O objetivo foi possibilitar a comparação do desempenho a partir de uma análise qualitativa sobre os resultados obtidos com cada método.

No próximo capítulo serão apresentados os resultados obtidos pela utilização da nossa técnica na reconstrução magnificada a partir dos hologramas apresentados no atual subcapítulo. A capacidade do método em magnificar com redução de efeitos indesejados e máximo aproveitamento da banda de amostragem do CCD com ganho de resolução, melhor visibilidade de detalhes e imunidade a ruídos, será contraposta com a dos tradicionais algoritmos com o auxílio da métrica SSIM ao comparar as imagens obtidas com sua versão em alta resolução.

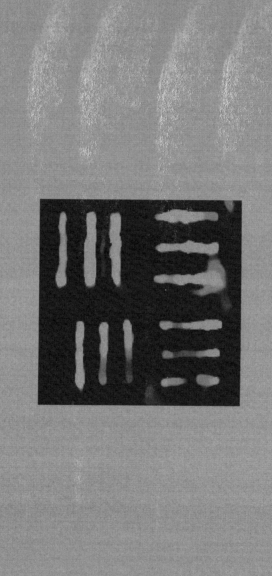

CAPÍTULO 5 | DESCRIÇÃO DE ALGUNS RESULTADOS DE EXPERIMENTOS PROPOSTOS

Após definir a base teórica de nossa técnica e apresentar os experimentos e simulações que foram utilizados em nossa análise, o próximo passo será avaliar a eficiência e as limitações ao realizar as reconstruções magnificadas a partir dos hologramas sintetizados e obtidos experimentalmente. Neste capítulo serão mostrados os resultados obtidos pela reconstrução magnificada, a partir dos hologramas apresentados no subcapítulo 4.2, pelas técnicas de FBT, por ondas esféricas, *zero-padding* e CS. Os hologramas sintetizados serão comparados com sua versão em alta resolução e graduados pela métrica SSIM, enquanto que as imagens dos hologramas experimentais serão objeto de investigação qualitativa a respeito da capacidade de melhora na resolução, disponibilidade de detalhes e imunidade a ruídos.

PARA INICIAR a análise, na Fig. 5.1 apresentamos o resultado das reconstruções, sem magnificação, a partir dos hologramas da Fig. 4.2 (c) e Fig. 4.4 (b), realizadas pelo cálculo numérico da propagação do campo com base na transformação discreta de Fresnel, apresentada na Eq. (2.36).

A Fig. 5.1 (a) contém os valores de intensidade para o campo reconstruído sem magnificação a partir do holograma da Fig. 4.2 (c) e a Fig. 5.1 (b) a região destacada em azul na Fig. 5.1 (a). A Fig. 5.1 (c) mostra os valores de intensidade para o campo reconstruído a partir do holograma da Fig. 4.4 (b) e Fig. 5.1 (d) a região destacada em azul na Fig. 5.1 (c). As distâncias de reconstrução utilizadas foram as mesmas da síntese dos hologramas.

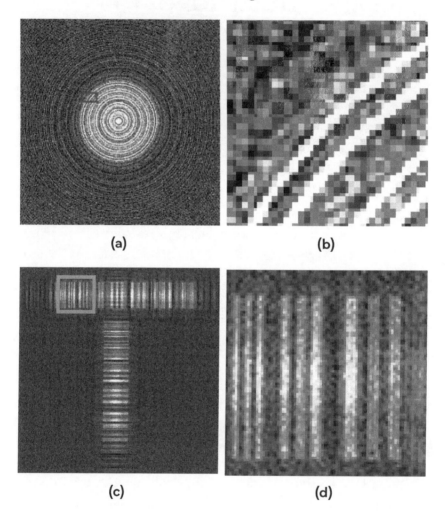

Fig. 5.1 *(a) Imagem de 512x512 píxeis com os valores de intensidade do campo reconstruído a partir do holograma apresentado na Fig. 4.2 (c); (b) região marcada em azul em (a); (c) imagem de 512x512 píxeis com os valores de intensidade do campo reconstruído a partir do holograma apresentado na Fig. 4.4 (b); (d) região marcada em azul em (a);*

Ao observar a Fig. 5.1 (b) e Fig. 5.1 (d), e comparar com as imagens dos objetos originais mostrados na Fig. 4.1 (b) e Fig. 4.3 (b), respectivamente, podemos perceber a falta de detalhes das reconstruções holográficas, severamente corrompidas pelos ruídos, além do baixo contraste que dificulta, inclusive, a percepção dos anéis concêntricos e barras, nítidos nas imagens utilizadas como base para a síntese dos hologramas.

As deficiências apontadas evidenciam o grande impacto dos ruídos e do tamanho finito dos píxeis no processo de sensoriamento, e o quanto os algoritmos de holografia, baseados no cálculo de propagação de campo, necessitam de aperfeiçoamento em prol de maior fidelidade na reconstrução, sobretudo a partir de hologramas ruidosos. Além disso, ao comparar a Fig. 5.1 (b) e Fig. 5.1 (d) com a Fig. 4.1 (b) e Fig. 4.3 (b), é possível perceber, na imagem reconstruída, a presença de *aliasing* ocasionado pela pouca quantidade de píxeis utilizados para representar o campo reconstruído, o que dificulta a percepção de detalhes do objeto original. Estas dificuldades ratificam a necessidade de desenvolvimento de algoritmos com alta imunidade a ruídos e que viabilizem a reconstrução holográfica com magnificação ajustada para ganho de resolução.

Para comparar a efetividade de nossa técnica com os métodos de magnificação apresentados, as Fig. 5.2 (a), (c) e (e) mostram, respectivamente, os valores de intensidade do campo reconstruído pelas técnicas de *zero-padding*, de ondas esféricas numéricas e por FBT. As imagens com 3072x3072 píxeis foram reconstruídas com um fator de magnificação 6X (**Mag**=6^{-1}), sem a utilização de nenhum filtro, a partir do holograma apresentado Fig. 4.2 (c).

176 DESCRIÇÃO DE ALGUNS RESULTADOS DE EXPERIMENTOS PROPOSTOS

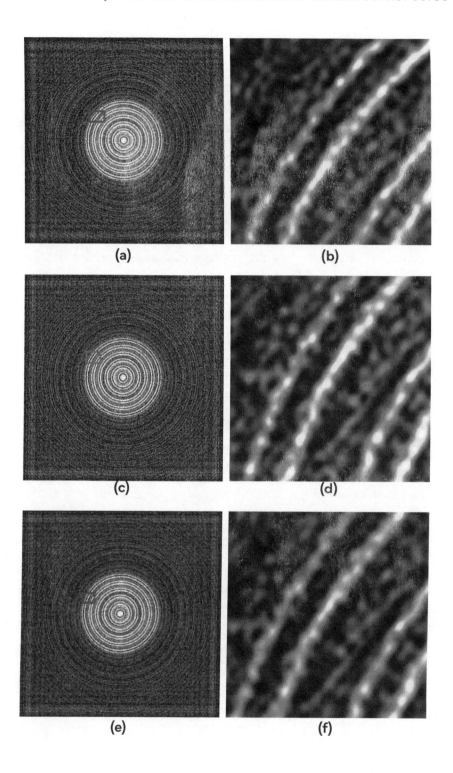

(a) (b)
(c) (d)
(e) (f)

Fig. 5.2 *Imagens com 3072x3072 píxeis, reconstruídas holograficamente com magnificação de 6X. Imagem reconstruída a partir do holograma da Fig. 4.2 (c); (a) pela técnica de zero-padding; (c) por ondas esféricas; (e) pela FBT. (b), (d) e (f) apresentam, respectivamente, as regiões marcadas em azul em (a), (c) e (e).*

Para facilitar a percepção de detalhes, as Fig. 5.2 (b), (d) e (f), mostram, respectivamente, as regiões marcadas em azul na Fig. 5.2 (a), (c) e (e). A medição do SSIM foi realizada pela comparação com a versão original, em alta resolução, mostrada na Fig. 4.1 (a).

Os valores de SSIM obtidos pela utilização das técnicas de *zero-padding*, ondas esféricas e FBT foram 0.40, 0.38 e 0.38, respectivamente.

A baixa pontuação alcançada pelas três técnicas pode ser explicada pela presença de elementos como imagem gêmea, efeitos de borda e ruído branco que, dificultam a percepção de características mais facilmente identificáveis no objeto original. Isso se deve ao fato de todas as técnicas se basearem no cálculo da propagação de um feixe referência modulado pela função de transmitância do holograma que, explicado no capítulo 2, apesar de viabilizar a reconstrução integral do campo, acaba produzindo efeitos indesejáveis que prejudicam a informação a ser recuperada.

A Fig. 5.3 (a) apresenta o resultado obtido pela utilização de nosso método sem nenhuma filtragem de ruído antes ou depois do processamento. A imagem com 3072x3072 píxeis, também foi reconstruída com fator de magnificação 6X, a partir do holograma da Fig. 4.2 (c). A Fig. 5.3 (b) mostra a região marcada em azul na Fig. 5.3 (a).

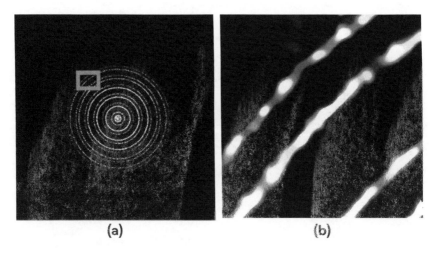

Fig. 5.3 *(a) Imagem de 3072x3072 pixeis com os valores de intensidade do campo reconstruído a partir do holograma apresentado na Fig. 4.2 (c); (b) região marcada em azul em (a).*

O valor para o SSIM, obtido por nossa técnica, foi de 0,94. Consideravelmente superior ao das técnicas de magnificação previamente apresentadas, a pontuação é justificada pela quantidade substancialmente menor de ruído com ausência de efeitos de borda e imagem gêmea, o que confirma o potencial de nossa técnica em produzir resultados com alta qualidade, ainda que ao trabalhar com hologramas muito ruidosos.

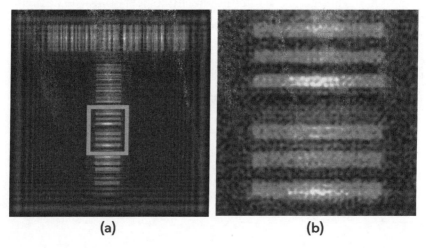

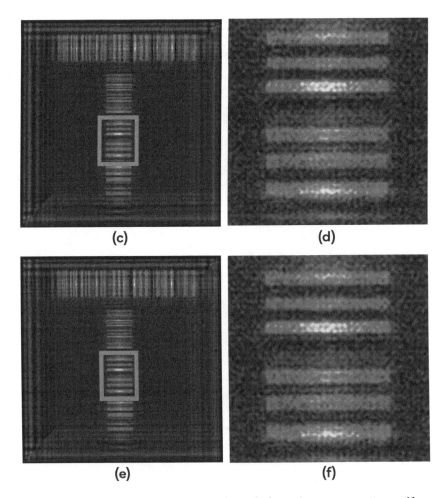

Fig. 5.4 *Imagens com 3072x3072 píxeis, holograficamente reconstruídas com magnificação de 6X. Imagem reconstruída a partir do holograma da Fig. 4.4 (b); (a) pela técnica de zero-padding; (c) por ondas esféricas; (e) pela FBT. (b), (d) e (f) apresentam, respectivamente, as regiões marcadas em azul em (a), (c) e (e).*

De forma similar, a Fig. 5.4 (a), (c) e (e) contém os valores de intensidade para os hologramas reconstruídos com fator de magnificação 6X, a partir da Fig. 4.4 (b), pelas técnicas de *zero-padding*, ondas esféricas e FBT, respectivamente. A Fig. 5.4 (b), (d) e (f) mostra as regiões marcadas em azul na Fig. 5.4 (a), (c) e (e), respectivamente.

Assim como no teste anterior, o *zero-padding* apresentou desempenho ligeiramente superior ao das outras duas técnicas, fato resultante da menor quantidade de efeito de borda, quando comparada às outras duas técnicas. No entanto, os valores de SSIM alcançados pela utilização das técnicas de *zero-padding*, ondas esféricas e FBT foram 0,34, 0,23 e 0,23, respectivamente. A pontuação menor que a obtida com as imagens da Fig. 5.2, pode ser atribuída ao fato dos hologramas da Fig. 5.4 possuírem $SNR=5dB$ em vez de $SNR=10dB$.

A Fig. 5.5(a) apresenta o resultado da utilização de nosso método, também sem nenhuma filtragem de ruído. A imagem com 3072x3072 píxeis foi reconstruída a partir do holograma da Fig. 4.4 (b) com fator de magnificação 6X. A Fig. 5.5 (b) mostra a região marcada em azul na Fig. 5.5 (a).

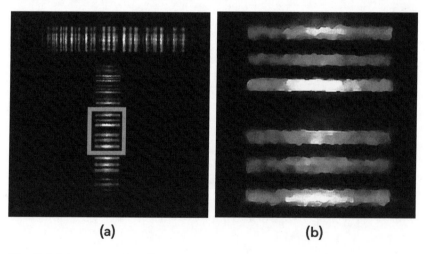

(a) (b)

Fig. 5.5 *(a) Imagem de 3072x3072 píxeis com os valores de intensidade do campo reconstruído a partir do holograma apresentado na Fig. 4.2 (c); (b) região marcada em azul em (a).*

Ao comparar a Fig. 5.5 (b) com a Fig. 5.4 (b), (d) e (f), percebe-se, na Fig. 5.5, uma quantidade significativamente menor de ruído, melhor contraste e maior definição de detalhes com melhor resolução, ainda que ao reconstruir a partir de holograma com SNR=5dB. É possível perceber, com maior nitidez, a separação entre as barras, bem como delimitar seu formato com maior precisão. Esse resultado evidencia que nosso método, quando comparado com os algoritmos tradicionais de magnificação, possui grande imunidade a ruídos, sendo capaz de produzir imagens com boa qualidade, mesmo ao trabalhar com hologramas muito ruidosos. Capacidade, esta, que justifica o valor de 0,90 obtido para o SSIM da Fig. 5.5, que chega a ser até quase 4 vezes o SSIM das imagens mostradas na Fig. 5.4.

Em face dos resultados obtidos com as simulações, é possível inferir que a qualidade do campo reconstruído possui grande dependência com a quantidade de ruídos presente no holograma, o que enseja uma análise mais criteriosa a respeito de seu impacto sobre o processo de magnificação.

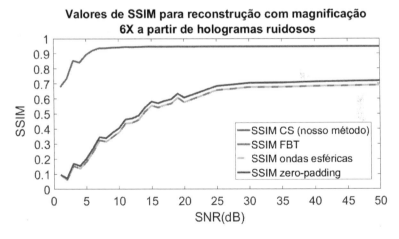

Fig. 5.6 *Valores de SSIM para imagens reconstruídas a partir de hologramas ruidosos com vários níveis de SNRs, que variam de 1 a 50dB. As imagens foram reconstruídas pelas técnicas de zero-padding, ondas esféricas, FBT e nosso método com um fator de magnificação 6X.*

182 DESCRIÇÃO DE ALGUNS RESULTADOS DE EXPERIMENTOS PROPOSTOS

Nesse âmbito, para aprofundar o estudo a respeito da imunidade da técnica de magnificação por CS a ruídos diversos, conforme mostrado no gráfico da Fig. 5.6, a qualidade da reconstrução do algoritmo de magnificação por CS é comparada de forma mais ampla com a dos, já mencionados, métodos de *zero-padding*, ondas esféricas e FBT. No gráfico são apresentados os valores de SSIM para a reconstrução magnificada com fator de ampliação 6X, de h_k (m,n) hologramas subamostrados com 512x512 píxeis, gerados a partir de $h(m,n)$, da Fig. 4.2 (a), com $k=1,\cdots,50$ e SNR $(h_k$ $(m,n))= kdB$. Desse modo, espera-se que a análise de reconstrução, por nossa técnica e pelas tradicionais de magnificação, a partir de 50 hologramas ruidosos, forneça um melhor panorama a respeito da efetividade de todas as técnicas avaliadas.

Ao analisar o gráfico da Fig. 5.6, é evidente a superioridade dos resultados alcançados pela magnificação holográfica por CS, especialmente sobre hologramas muito ruidosos. Enquanto o método que se baseia no CS reconstrói imagens com SSIM que variam entre 0,70 e 0,95 pontos, as outras técnicas não alcançam valores superiores a 0,70. Estes resultados indicam considerável avanço ao viabilizar a reconstrução magnificada, ainda que a partir de hologramas obtidos em sistemas cujos ruídos se impõe como limite capaz de reduzir notadamente a qualidade e quantidade de informação obtida.

Para avaliar a habilidade ao trabalhar com informação experimental com a presença de ruídos de diversas fontes como flutuações térmicas e elétricas nos sensores do CCD, imagem gêmea, termo central de difração e *speckle*, em complemento à simulação numérica, será realizada a análise dos hologramas obtidos experimentalmente na montagem da Fig. 4.5.

Devido à similaridade da qualidade obtida para as reconstruções realizadas pelas técnicas tradicionais, a partir dos hologramas simulados, na análise experimental compararemos os resultados de nosso método apenas com o da FBT.

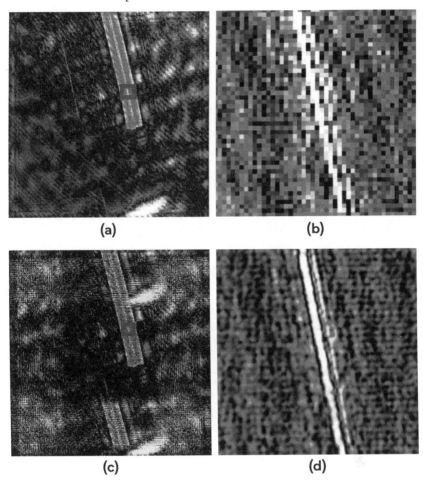

Fig. 5.7 *Imagens reconstruídas a partir do holograma da fibra óptica apresentao na Fig. 4.6; (a) imagem com 512x512 píxeis, sem magnificação, obtida pelo uso da transformação de Fresnel; (b) região marcada em azul em (a); (c) imagem com 3072x3072, com magnificação 6X, obtido pelo uso da FBT; (d) região marcada em azul em (c).*

A Fig. 5.7 (a) mostra os valores de intensidade para o campo reconstruído pela transformação de Fresnel, sem magnificação, a partir do holograma da fibra óptica, apresentado na Fig. 4.6. A quantidade de píxeis da imagem reconstruída é a mesma do holograma. A Fig. 5.7 (c) apresenta o resultado da reconstrução pela FBT, com fator de magnificação 6X, a partir do mesmo holograma mostrado na Fig. 4.6. A Fig. 5.7 (b) e Fig. 5.7 (d) apresentam, respectivamente, as regiões marcadas em azul na Fig. 5.7 (a) e Fig. 5.7 (c). Para ambas as reconstruções não foram utilizadas técnicas de filtragem no holograma ou nas imagens reconstruídas.

Ao comparar a Fig. 5.7 (a)-(b) e com a Fig. 5.7 (c)-(d), percebe-se que a Fig. 5.7 (c) possui maior definição e disponibilidade de detalhes, além de não apresentar o efeito de *aliasing* existente na Fig. 5.7 (a). O ganho em resolução e, consequentemente, na acurácia em medidas que podem ser realizadas na imagem magnificada, comprova ser vantajosa a utilização da FBT em análises em que características como resolução, contraste e nitidez são relevantes para a qualidade da informação; contudo, convém observar que a imagem da Fig. 5.7 (c) apresenta ruídos, efeitos de borda e imagem gêmea que não foram identificados na imagem sem magnificação.

A Fig. 5.8 (a) apresenta a imagem da fibra óptica, com 3072x3072 píxeis, obtida pela utilização de nossa técnica de magnificação holográfica compressiva sobre o mesmo holograma mostrado na Fig. 4.6. A Fig. 5.8 (b) apresenta a região marcada em azul na Fig. 5.8 (a). O fator de magnificação utilizado foi 6X e, assim como nos resultados apresentados na Fig. 5.7, não foi utilizada nenhuma técnica de filtragem.

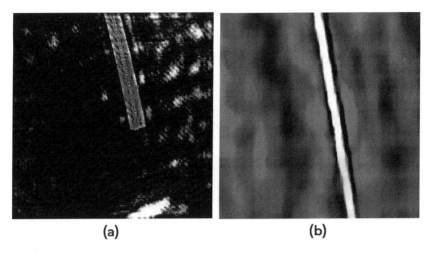

Fig. 5.8 *Valores de intensidade para o campo reconstruído a partir do holograma da Fig. 4.6; (a) imagem com 3072x3072 píxeis, obtida pela utilização de nosso algoritmo de magnificação holográfica compressiva, com fator de magnificação 6X ; (b)região marcada em azul em (a).*

Ao realizar uma comparação qualitativa entre os resultados apresentados na Fig. 5.8 e Fig. 5.7, é possível perceber que a técnica que utiliza o sensoriamento compressivo não apresenta imagem gêmea nem os efeitos de borda, presentes na Fig. 5.7 (c). Além disso, a presença de ruídos na Fig. 5.8 é substancialmente menor do que na Fig. 5.7.

A Fig. 5.9 (a) apresenta imagem com 512x512 píxeis, com os valores de intensidade de campo reconstruído, sem magnificação, pelo uso da transformação de Fresnel e a Fig. 5.9 (c) imagem com 3072x3072, com os valores obtidos pelo uso da FBT com fator de magnificação 6X. Ambas as imagens foram reconstruídas a partir do holograma do padrão de teste USAF 1971, mostrado na Fig. 4.7.

A Fig. 5.9 (b) e Fig. 5.9 (d) mostram, respectivamente, os valores de intensidade da região marcada em azul na Fig. 5.9 (a) e Fig. 5.9 (c).

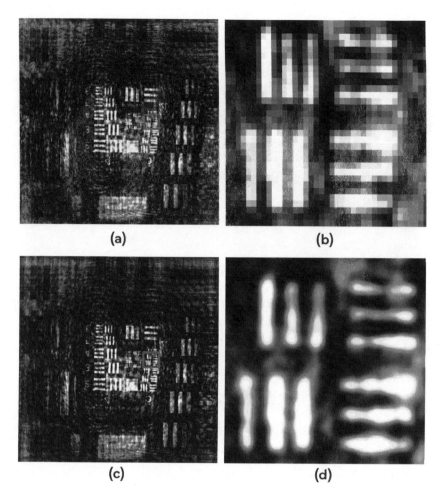

Fig. 5.9 *Imagens reconstruídas a partir do holograma do padrão de resolução USAF 1971 apresentao na Fig. 4.7; (a) imagem com 512x512 píxeis, sem magnificação; (b) região marcada em azul em (a); (c) imagem com 3072x3072, com magnificação 6X obtido pela FBT; (d) região marcada em azul em (c).*

Ao comparar a Fig. 5.9 (a) com a Fig. 5.9 (c), inicialmente não se percebe diferença entre os resultados alcançados pelas técnicas com e sem magnificação, porém, ao observar a Fig. 5.9 (b) e a Fig. 5.9 (c), é nítida a maior disponibilidade de detalhes na que foi magnificada. A pouca quantidade de píxeis disponíveis para a representação dos objetos na imagem sem magnificação produz *aliasing* que prejudica severamente a qualidade da reconstrução ao não aproveitar toda a informação amostrada pelo CCD no processo de registro holográfico.

A Fig. 5.10 apresenta o resultado da utilização de nosso método, com fator de magnificação 6X, na reconstrução a partir do mesmo holograma mostrado na Fig. 4.7 e a Fig. 5.10 (b) mostra a região marcada em azul na Fig. 5.10 (a).

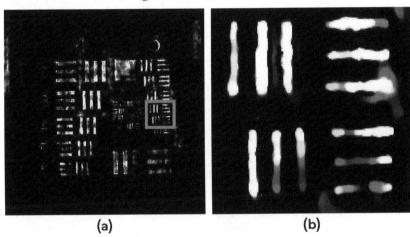

Fig. 5.10 *Valores de intensidade para o campo reconstruído a partir do holograma da Fig. 4.7; (a) imagem com 3072x3072 píexeis, obtida pela utilização de nosso algoritmo de magnificação holográfica compressiva, com fator de magnificação 6X ; (b)região marcada em azul em (a).*

Em uma análise qualitativa, ao comparar os resultados apresentados na Fig. 5.9 com os da Fig. 5.10, constata-se que a reconstrução por nosso método apresentou melhores resultados ao exibir um campo reconstruído com menor quantidade de ruídos e melhor contraste. Ao comparar a Fig. 5.10 (b) com a Fig. 5.9 (d) percebemos que a imagem obtida por nosso método possui maior resolução, o que viabiliza medições com maior acurácia que a magnificada pela FBT.

A Fig. 5.11 (a), com 512x512 píxeis, mostra os valores de intensidade de campo reconstruído sem magnificação, e a Fig. 5.11 (c), com 3072x3072 píxeis, obtida pela FBT com fator de magnificação 6X. Ambas as imagens foram reconstruídas a partir do holograma das partículas de vidro, da Fig. 4.8.

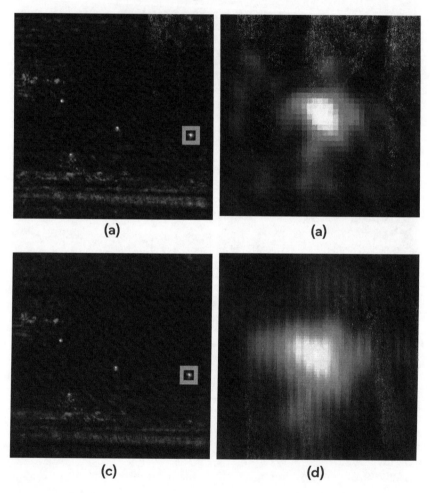

Fig. 5.11 *Imagens reconstruídas a partir do holograma, de partículas de vidro imersas em água, mostrado na Fig. 4.8; (a) imagem com 512x512 píxeis, sem magnificação; (b) região marcada em azul em (a); (c) imagem com 3072x3072, com magnificação 6X obtido pela FBT; (d) região marcada em azul em (c).*

A Fig. 5.11 (b) e Fig. 5.11 (d) mostram, respectivamente, os valores de intensidade da região marcada em azul na Fig. 5.11 (a) e Fig. 5.11 (c).

Ao comparar a Fig. 5.11 (b) com a Fig. 5.11 (d), em uma análise mais criteriosa a respeito dos detalhes mostrados nas imagens, identifica-se que, apesar da redução do *aliasing*, a partícula da Fig. 5.11 (d) acaba tendo sua visibilidade prejudicada por estar sobreposta por um padrão de franjas que modula sua intensidade luminosa. Devido à localização da partícula, este problema pode ser atribuído a efeitos de borda, decorrentes da magnificação, e destaca o impacto negativo desse problema em aplicações em que o corpo analisado ocupe grande parte da área de reconstrução.

A Fig. 5.12 (a), com 3072x3072 píxeis, apresenta o resultado da utilização de nosso método, com fator de magnificação 6X, na reconstrução a partir do holograma da Fig. 4.8, e a Fig. 5.12 (b) mostra a região marcada em azul na Fig. 5.12 (a).

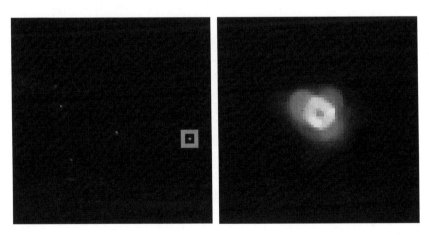

Fig. 5.12 *Valores de intensidade para o campo reconstruído a partir do holograma da Fig. 4.8; (a) imagem com 3072x3072 píxeis, obtida pela utilização de algoritmo de magnificação holográfica compressiva, com fator de magnificação 6X ; (b)região marcada em azul em (a).*

Ao comparar as reconstruções mostradas na Fig. 5.11 com os da Fig. 5.12, constata-se que a realizada pela técnica que utiliza o CS apresenta melhora significativa na qualidade e, assim como nos outros experimentos, com grande redução de ruídos, além de aumento no contraste e resolução.

Ao observar a Fig. 5.12 (b), é possível perceber muito mais detalhes da partícula do que na Fig. 5.11 (d) e (b). A ausência de efeitos de borda e aliasing viabilizam, inclusive, uma melhor identificação de seu formato, informação indisponível nas imagens reconstruídos pelo método de FBT e transformação de Fresnel.

CAPÍTULO 6 | CONSIDERAÇÕES FINAIS

O PRINCIPAL objetivo deste texto foi apresentar e descrever as vantagens obtidas com utilização da recente teoria de sensoriamento compressivo, para a criação da chamada técnica de magnificação holográfica compressiva, que é capaz de reconstruir imagens com melhor resolução devido a um melhor aproveitamento da informação amostrada pelos dispositivos de aquisição de imagens, bem como por possuir uma imunidade a ruídos suficiente para minimizar do impacto de fatores como ruidos de *speckle*, imagem gêmea e ruídos de leitura no dispositivo.

Para um bom entendimento do contexto das técnicas apresentadas foi realizada uma introdução à história da holografia até seu desenvolvimento como holografia digital e para a qual apresentamos as principais técnicas de reconstrução com suas vantagens e desvantagens, assim como as áreas de aplicação. Ademais, discorremos sobre o problema da baixa taxa de amostragem dos dispositivos eletrônicos de aquisição, a qual se configura como um importante obstáculo ao desenvolvimento da holografia digital nos dias atuais, por reduzir substancialmente a quantidade de informação reconstruída a partir do holograma gravado digitalmente.

Ainda sobre a holografia digital, apresentamos aspectos técnicos que devem ser considerados para melhor registro e recuperação da informação, como a relação entre o teorema da amostragem e o ângulo entre os feixes de formação do holograma, a filtragem de componentes de alta frequência devido ao tamanho finito dos píxeis, a remoção do termo central de difração e o ruído *speckle*. Caracterizamos os principais ruídos de leitura presentes nos dispositivos de aquisição e que têm efeitos relevantes sobre a estrutura das imagens holograficamente reconstruídas, bem como apresentamos métricas conhecidas de análise da qualidade, que permitem a determinação de parâmetros que viabilizem a comparação das efetividades das técnicas de reconstrução holográfica.

Explanamos a respeito de alguns dos tradicionais algoritmos de magnificação holográfica que, desenvolvidos como alternativa para minimizar o impacto da baixa taxa de amostragem dos dispositivos digitais de aquisição, realizam a reconstrução otimizada para o aproveitamento da informação holografada afim de conferir melhor visibilidade a detalhes na imagem reconstruída.

Como forma de buscar uma alternativa aos algoritmos de magnificação que, apesar da capacidade de ampliação, apresentam os problemas específicos de holografia digital - como a presença de imagem gêmea, termo central de difração e *speckle* -, introduzimos o sensoriamento compressivo que tem se posicionado como uma teoria promissora capaz de mudar o paradigma de tratamento da informação como conhecemos.

Em resumo, após o desenvolvimento desta obra, podemos concluir que nossa proposta apresenta as seguintes vantagens:

- Propicia uma forma de realizar magnificação holográfica a partir da estrutura do sensoriamento compressivo;
- Diferentemente de algoritmos tradicionais de magnificação, a técnica não necessita de alteração de nenhum parâmetro experimental para realizar a magnificação;
- Reconstrói a imagem holográfica com qualidade superior às técnicas tradicionais de magnificação, mesmo ao realizar o processamento sobre hologramas muito ruidosos;

- A imagem reconstruída minimiza a presença de problemas típicos de holografia digital como imagem gêmea, efeitos de borda e ruído *speckle*.
- Por mapear o processo de filtragem de componentes de alta frequência do sinal, no processo de amostragem pelo CCD, o método proporciona melhora na resolução superior à das técnicas de magnificação tradicionais.

Ainda há muito a ser feito em prol da melhoria desta nova forma de magnificação. Um estudo mais aprofundado quanto à efetividade e alcance da técnica, se faz necessário. A avaliação dos cenários mais apropriados para sua utilização, bem como seu limite de magnificação e tolerância a ruídos, as desvantagens em relação aos métodos tradicionais e montagens holográficas em que pode ser aplicada, necessitam ser investigados e, por isso, fornecem rico contexto para a continuidade das pesquisas na área.

Outravertente aplicação na qual pode-se utilizar o método é a de rastreamento holográfico de movimento de partículas [46, 165] de baixo contraste em um fluídos. A partir de um sistema que permite a reconstrução holográfica em múltiplas camadas e, com o apoio de funções de cálculo de correlação para busca do plano em que a partícula se encontra, pode-se rastrear o movimento tridimensional de micropartículas transparentes em um fluído de índice de refração muito similar. Neste caso, a magnificação holográfica pode ser utilizada para conferir maior precisão à posição e formato das partículas, além de facilitar a identificação e rastreio de maior número de objetos pelo aumento da visibilidade de detalhes como efeito da redução de ruídos.

Apesar das vantagens apresentadas até o momento, convém mencionar que diferentemente das técnicas tradicionais que se baseiam no cálculo de poucas FFTs, nosso método utiliza algoritmos iterativos na busca pela solução. Programas dessa natureza fazem processamento recursivo com ajuste de pesos de forma que, para a convergência, são necessários vários ciclos em que são calculadas dezenas ou até centenas de FFTs sobre matrizes com quantidade de elementos da ordem de 1024^2. Em um computador convencional, cujo processador possui menos do que uma dezena de núcleos, o tempo de processamento necessário para o cálculo pode superar em mais de 20 vezes o das técnicas tradicionais para a obtenção do campo. A técnica descrita é viável para utilização em aplicações de microscópia holográfica digital e rastreio de partículas, é necessário superar essa dificuldade para facilitar seu uso.

Nesse contexto, um trabalho recente de Endo et al. [166], utilizou rotinas de processamento paralelo em holografia compressiva para redução do tempo necessário para reconstrução da imagem. Basicamente, a carga de operações de produto escalar entre os elementos das matrizes para a performance da FFT, foi distribuída e paralelizada entre os milhares de núcleos de uma placa de aceleração de vídeo. O processamento paralelo conferido por esta estratégia resultou em uma redução de até 20 vezes no tempo de execução de algoritmos iterativos como o TwIST. Em uma estratégia similar, pode-se analisar a aplicabilidade da paralelização do processamento para obter uma redução de mesma ordem, o que tornaria o método concorrente, em tempo de processamento, com as aplicações de magnificação tradicionais.

Para conferir maior acurácia ao campo reconstruído, planejamos investigar a eficácia de regularizadores alternativos ao de variação total. Apesar de consagrado em holografia compressiva, por explorar a esparsidade natural no gradiente de imagens holográficas, os regularizadores baseados em wavelets [136, 146,

159], recentemente introduzidos em sensoriamento compressivo e pouco explorados em holografia compressiva, por oferecer uma análise da esparsidade da distribuição espacial das componentes de frequência das imagens holográficas, têm apresentado resultados promissores, sobretudo, em redução do tempo de processamento e imunidade a ruídos. Como a RIP da base de representação da transformação de Fresnel se aproxima da transformação de Fourier em regiões próximas ao centro do holograma e (como) em CS é possível reconstruir a informação a partir de um número reduzido de medidas com frequência espacial não uniforme, pretendemos pesquisar a utilização de esquema de subamostragem associado a utilização de transformação de Fourier especializada em matrizes esparsas (SFT[1]) [167, 168] para o cálculo das operações de convolução nas iterações do algoritmo de reconstrução.

Reconhecidas por seu tempo de processamento reduzido quando comparado ao da FFT, as SFT operariam sobre hologramas subamostrados por uma matriz de medidas binária, com os valores não nulos distribuídos aleatoriamente por uma função probabilística com perfil gaussiano, de média zero e desvio padrão $1/\sqrt{N}$, de modo similar ao exemplo mostrado na Fig. 3.5 (c). Segundo Candès et al. [135], essa distribuição possui incoerência $\sqrt{2} \cdot \log N \ll \sqrt{N}$ com uma base ortonormal qualquer, o que torna necessário um valor pequeno de medidas para a reconstrução da informação. O objetivo essa estratégia é minimizar a quantidade de elementos necessários para a reconstrução da informação e com o auxílio da SFT, obter redução de tempo de processamento nos cálculos de convolução da magnificação holográfica.

Como apresentado no capítulo 5, a perda de resolução, advinda da amostragem da informação por sensores de tamanho finito,

---

1   Do inglês, *sparce Fourier transform*.

como resultado da atuação de um operador que realiza a convolução do sinal por uma função gaussiana que representa a função de resposta dos píxeis do CCD. Essa abordagem permite que, em um processo de inversão, o sinal original, com maior resolução seja alcançado. Pode-se considerar a utilização de funções como as de base radial [169] que possam representar, de forma mais realista, a PRF dos píxeis do CCD para possibilitar uma busca pela informação que mais se aproxime da original e, com isso, obter maior ganho de resolução e acurácia na reconstrução magnificada.

Por fim esperamos que o trabalho aqui desenvolvido possa ser de grande utilidade aos interessados e seja capaz de embasar futuros projetos que venham a oferecer contribuições relevantes na área abordada.

REFERÊNCIAS

[1] Marquet P., Rappaz B., Magistretti P. J., Cuche E., Emery, Y., Colomb T., Depeursinge C., 2005. Digital holographic microscopy: a noninvasive contrast imaging technique allowing quantitative visualization of living cells with subwevelength axial accuracy, Opt. Lett. 30, 468.

[2] de Oliveira M. E., de Oliveira G. N., de Souza J. C., dos Santos P. A. M., 2016. Photorefractive moiré-like patterns for the multifringe projection method in Fourier transform profilometry, Appl. Opt. 5, 1048-1053.

[3] Guildenbecher D. R., 2016. High-speed (20 kHz) digital in-line holography for transient particle tracking and sizing in multiphase flows, Appl. Opt. 11, 2892.

[4] Desse J. M., Picart P. and Tankam P., 2012. Digital color holography applied to fluid and structural mechanics, Opt. Lasers Eng 50, 18.

[5] de Oliveira G. N., de Oliveira M. E., dos Santos P. A. M., 2013. Photorefractive holographic moiré-like patters for secure numerical code generation, Opt. Lett.

[6] Collier R. J. , Burckhardt C. B., Lin L.H., 1971, Optical Holography, (Academic Press, New York).

[7] Colomb T., et al., 2006. Numerical parametric lens for shifting, magnification, and complete aberration compensation in digital holographic microscopy, J. Opt. Soc. Am. A 12, 3177.

[8] Li J., Tankam P., Peng Z., Picart P.,2009. Digital holographic reconstruction of large object using a convolution approach and adjustable magnification, Opt. Lett. 34, 572.

[9] Yuan C., Qian X., Zhang,H., An adjustable magnification method of lensless Fourier holography based on the equivalent spatial frequency, Optics Communications, 287 (2013) 58-62.

[10] Foucart S., Rauhut H., 2013, A Mathematical Introduction to Compressive Sensing, (New York, Heidelberg, Dordrecht, London, Springer Science+Business Media).

[11] Candès E.J., Wakin M., 2008. An introduction to compressive sampling, IEEE Signal Process. Mag. 2, 21.

[12] Goodman N. A., Potter L. C., 2015. Pitfalls and possibilities of radar compressive sensing, Appl. Opt. 8, C1-C13.

[13] Greenberg J., Krishnamurthy K., Brady D., 2014. Compressive single-pixel snapshot x-ray diffraction imaging, Opt. Lett. 1, 111-114.

[14] Lan R.M, Liu X.F, Yao X R .,Yu W. K., Zhai G. J., 2016. Single-pixel complementary compressive sampling spectrometer, Optics Communications, 349-353.

[15] Smith D. S., Gore J. C., Yankeelov T.E., Welch E. B., 2012. Real-Time Compressive Sensing MRI Reconstruction Using GPU Computing and Split Bregman Methods, International Journal of Biomedical Imaging, 864827.

[16] Liu Y., Tian L., Hsieh C. H., Barbastathis G., 2014. Compressive Holographic two-dimensional localization with 1/30 subpixel accuracy, Opt. Express 8, 9774-9782.

[17] Brady D. J., Choi K., Marks D.L., Horisaki R., Lim S., 2009. Compressive Holography, Opt. Express 15, 13040-13049.

[18] Gabor, D., 1948. A new microscopic principle, Nature 161, 777.

[19] Gabor, D., 1949. Microscopy by reconstructed wavefronts, Proc Roy Soc, 454.

[20] D.Gabor D.,- Facts. 2016, Nobelprize.org. Nobel Media AB 2014. Web. 20 Sep. Disponível em: http://www.nobelprize.org/nobel_prizes/physics/laureates/1971/gabor-facts.htm. Acesso em:

[21] Gabor D., 1969. Progress in holography (Holography history and applications to interferometry, contour mapping and three dimensional photography) Reports on progress in physics [0034-4885], 395.

[22] Bjelkhagen H. I., New recording materials for holography, in: C.f.M.O. Montfort University, Hawthorn Building (Ed.), LEICESTER LEI 9BH, pp. 12.

[23] Ingalls,A, 1968. Synthetic antenna data processing by wavefront reconstruction (Synthetic antenna radar system with coherent optical processor, discussing data processing and wavefront reconstruction), Appl. Opt., 539-544.

[24] Hecht J., 2005, Beam: The Race to Make the Laser, (Oxford University Press).

[25] Hariharan P., 2002, Basics of Holography, (Cambridge University Press).

[26] Leith E. N., Upatnieks J., 1962. Reconstructed wavefronts and communication theory, J. Opt. Soc. Am. 52, 1123.

[27] Leith E. N., Upatnieks J., 1963. Wavefront reconstruction with continuous tone objects, J. Opt. Soc. Am. 53, 1377.

[28] Leith, E. N., Upatnieks J., 1964. Wavefront reconstruction with diffused illumination and threedimensional objects, J. Opt. Soc. Am. 54, 1295.

[29] Powell R. L., Stetson K. A., 1965. Interferometric Vibration Analysis by Wavefront reconstructions, J. Opt. Soc. Am. 55, 1593.

[30] Powell R. L., Stetson K. A., 1965. Interferometric hologram evaluation and real-time vibration analysis of diffuse objects, J. Opt. Soc. Am. 55, 1694.

[31] Heflinger L. O., 1966. Holographic Interferometry, Journal of applied physics 2, 642.

[32] Matsuda et al., 1989. Magnetic field observation of a single flux quantum by electron-holographic interferometry, Physical Review Letters 21, 2519.

[33] Tonomura A., et al., 1985. Sensitivity-Enhanced Electron-Holographic Interferometry and Thickness-Measurement Applications at Atomic Scale, Physical Review Letters 1, 60.

[34] Magnusson R., 1987. Holographic interferometry using iron-doped lithium niobate, Applied physics letters 2, 81.

[35] Goodman J.W., Lawrence R. W., 1967. Digital image formation from electronically detected holograms, Appl Phys Lett 11, 77.

[36] Kronrod M.A, Merzlyakov N.S, Yaroslavski LP, 1972. Reconstruction of holograms with a computer, Sov Phys-Tech Phys USA 2, 333.

[37] Schnars U., Jüptner W., 1994. Direct recording of holograms by a CCD target and numerical reconstruction, Appl. Opt. 2, 179.

[38] Grilli S. Ferraro P. De Nicola S. Finizio A. Pierattini G.; Meucci R., 2001. Whole optical wavefields reconstruction by digital holography, Opt. Exp. 9, 294.

[39] Schnars U., Jueptner W. P., 2002. Digital recording and numerical reconstruction of holograms, Meas. Sci. Technol 13, 85.

[40] Sten A. Javidi B., 2007. Theoretical analysis of three- dimensional imaging and recognition of microorganisms with a single-exposure on-line holographic microscope, J. Opt. Soc. Am. A 24, 163.

[41] Beier H.T, Ibey B.L, 2014. Experimental Comparison of the High-Speed Imaging Performance of an EM-CCD and sCMOS Camera in a Dynamic Live-Cell Imaging Test Case, PLoS One 1, 84614.

[42] Mukadam A, 2011. High-Speed Time-Series CCD Photometry with Agile, Publications of the Astronomical Society of the Pacific 910, 1423.

[43] Yamaguchi I., 2003. Holography, speckle, and computers, Opt. Lasers Eng. 39, 411.

[44] Carl D., Kemper B., Wernicke G., Von Bally G., 2004. Parameter-optimized digital holographic microscope for high-resolution living-cell analysis, Appl. Opt. 43, 6535.

[45] Cuche E., Bevilacqua F. Depeursinge C. , 1999. Digital holography for quantitative phase- contrast imaging, Opt. Lett. 24, 291.

[46] Memmolo P., Miccio L., Finizio A., Ferraro P., 2014. Holographic tracking of living cells by three-dimensional reconstructed complex wavefronts alignment, Opt. Lett. 9, 2759.

[47] Miccio L, et al., 2013. A new 3D tracking method exploiting the capabilities of digital holography in microscopy, Proceedings of SPIE---the international society for optical engineering.

[48] de Oliveira G. N., de Oliveira M. E., dos Santos P. A. M., 2012. Photorefractive Fourier transform profilometer for the measurement of 3-D object shapes, Optics Communications 24, 4906-4910.

[49] de Oliveira G.N., dos SANTOS P.A.M., de Oliveira, M.E. 2013. Photorefractive holographic moiré-like patters for secure numerical code generation., Opt. Lett., 1004.

[50] Poon T-C., Liu J-P., 2014, Introduction to modern digital holography: with MATLAB, (New York, Cambridge University Press).

[51] Kim Y. S., Kim T. , Woo,S. S., Kang H., , Poon, T-C., Zhou, C., 2013. Speckle-free digital holographic recording of a diffusely reflecting object, Opt. Express 7, 8183-8189.

[52] Frejlich J, 2011, Óptica, (São Paulo, Oficina de Textos).

[53] Verrier N., Atla M., 2011. Off-axis digital hologram reconstruction: some practical considerations, Appl. Opt. 34, H136-H146.

[54] Xu W., Jericho M. H., Meinertzhagenl. A., Kreuzer H. J., 2001. Digital in-line holography for biological applications, Proceedings of the National Academy of Sciences 20, 11301-11305.

[55] Sang X., Yu C., Yu M., Hsu D., 2011. Applications of digital holography to measurements and optical characterization, OPTICE 9, 091311-091311-8.

[56] Nehmetallah G., Banerjee P.P., 2012. Applications of digital and analog holography in three-dimensional imaging, Adv. Opt. Photon. 4, 472-553.

[57] Madrigal,R., Acebal P., Blaya S., Carretero, L., Fimia A. Serrano, F., GPU-based calculations in digital holography, in: Proc. SPIE 8776, Holography: Advances and Modern Trends III, Prague, Czech Republic, 2013, pp. 87760K-87760K-87766.

[58] Girshovitz P., Shaked, N. T., 2014. Real-time quantitative phase reconstruction in off-axis digital holography using multiplexing, Opt. Lett. 8, 2262-2265.

[59] Goodman J. , 2005, Introduction to Fourier Optics, (Roberts & Company).

[60] Schanars U., 1994. Direct phase determination in hologram interferometry with use of digitally recorded holograms, J. Opt. Soc. Am. A 11, 2011.

[61] Klein M. V., Furtak T. E., 1986, Optics. 2nd ed. , (New York, Wiley).

[62] Yaroslavskii L.P., Merzlyakov N. S., 1980, Methods of digital holography, (New York, Consultants Bureau).

[63] Diniz P., S., R.,, Silva E., A., B.,, Netto, S., L., , 2014, Processamento Digital de Sinais: projeto e análise de sistemas, (Porto Alegre, Bookman), 585.

[64] Wagner C., Seebacher S, Osten W., Jüptner, W. , 1999. Digital recording and numerical reconstruction of lensless Fourier holograms in optical metrology, Appl. Opt., 4812.

[65] Stroke G. W., 1965. Lensless Fourier Transform Method for Optical Holography, Applied Physics Letters 10, 201.

[66] Jeffrey A., 2002, Advanced Engeneering Mathematics, (San Diego, San Francisco, New York, Boston, London, Toronto, Sydney, Tokyo, University of Newcastle-upon-Tyne), 625-861.

[67] Schnars U., Falldorf C., Watson J., Jüptner W., 2015, Digital Holography and Wavefront Sensing: Principles, Techniques and Application. Second Edition, (New York Dordrecht London.

[68] Piterman A., Ninkov Z., 2002. Subpixel sensitivity maps for a back-illuminated charge-coupled device and the effects of nonuniform response on measurement, OPTICE 6, 1192.

[69] Nebulosa NGC 6543; composição óptica com raios-X. al., NASA/UIUC/Y.Chu et. Disponível em: http://chandra.harvard.edu/photo/2001/1220/index.html. Acesso em: 16/01/2019.

[70] Zhang Y. P., Zhang J. Q., Xu W., 2013. Method for eliminating zero-order diffraction in lensless Fourier transform digital holography, Optik

- International Journal for Light and Electron Optics 21, 4873-4875.

[71] Kreis T., Jüptner W., 1997. Suppression of the dc term in digital holography, Opt. Eng. 8, 2357.

[72] Qiu P., Gu J., 2014. Elimination of zero-order and conjugate images in off-axis digital holography, Optik - International Journal for Light and Electron Optics 11, 2652-2655.

[73] Wilbur B. Davenport, Jr.; William L. Root, 1987, An introduction to theory of random signals and noise, (New York, John Wiley & Sons).

[74] Sarpeshkar R. Delbruck T. Mead C. A, 1993. White noise in MOS transistors and resistors, IEEE Circuits Devices 6, 23.

[75] Liu Z., Centurion, M., Panotopoulos G., Hong, J., Psaltis, D., 2002. Holographic recording of fast events on a CCD camera, Opt. Lett. 1, 22.

[76] Lesaffre M., Verrier, N., Gross M., Noise and signal scaling factors in digital holography in weak illumination: relationship with shot noise, Appl. Opt., 52 (2013) A81-A91.

[77] Beck H. G. E., Spruit W. P., 1/f noise in the variance of Johnson noise, Journal of Applied Physics, 49 (1978) 3384-3385.

[78] Johnson J. B., Thermal Agitation of Electricity in Conductors, Physical Review, 32 (1928) 97-109.

[79] Davenport J. J., Hodgkinson J., Saffell, J.R., Tatam Ralph P., Noise analysis for CCD-based ultraviolet and visible spectrophotometry, Appl. Opt., 54 (2015) 8135-8144.

[80] Sincich T.L., Mendenhall W.M., and Sincich T., 2006, Statistics for Engineering and the Sciences, (Upper Saddle River, NJ, USA, Prentice--Hall, Inc).

[81] Hubbard W.M., 1970. The approximation of a poisson distribution by a gaussian distribution, Proceedings of the IEEE 9, 1374.

[82] Johnson J. B., 1925. The Schottky Effect in Low Frequency Circuits, Physical Review 1, 71.

[83] Hooge F N, 1969. 1/f noise is no surface effect, Physics Letters 3, 139.

[84] McWhorter A. L., 1957, 1/f noise and germanium surface properties, Semiconductor Surface Physics (Philadephia, University of Pennsylvania Press), 207-228.

[85] Hung K, . K, 1900. A unified model for the flicker noise in metal-oxide-semiconductor field-effect transistors, IEEE Transactions on Electron Devices 3, 654.

[86] Hegyi D. J., Burrows A., Optimal sampling of charge-coupled devices, The Astronomical Journal, 85 (1980) 1421-1424.

[87] Gach J. -L., Darson D., Guillaume C., Goillandeau M., Cavador, C., Balard P., Boissin O., Boulesteix,J., A New Digital CCD Readout Technique for Ultra-Low-Noise CCDs, Publications of the Astronomical Society of the Pacific, 115 (2003) 1068-1071.

[88] Alessandri C., Guzman D., Abusleme A., Avila,D., Alvarez,E. Campillo H., Gallyas A., Oberli C., Guarini M., Theoretical Framework and Simulation Results for Implementing Weighted Multiple Sampling in Scientific CCDs, in: arXiv e-prints, 2015.

[89] Silva E., R., Muramatsu M., 2007. O fenômeno do speckle como introdução à metrologia óptica no laboratório didático, Revista Brasileira de Ensino de Física 2, 283.

[90] Horstmann J., Spahr H. Buj C., Münter M., Brinkmann R., 2015. Full-field speckle interferometry for non-contact photoacoustic tomography, Physics in Medicine and Biology 10, 4045.

[91] Bianco V., Memmolo,P., Paturzo M., Finizio A., Javidi B., Ferrari, P., 2016. Quasi noise-free digital holography, LIght Science e Applications 9, e16142.

[92] Yizhuo Z., et al., Improvement of speckle noise reduction in lensless Fourier-transform digital holography in: Smart Nano-Micro Materials and Devices, Proc. of SPIE, 2011, pp. 82042U-82041.

[93] Bianco V., Paturzo M., Memmolo P., Finizio A., Ferraro P., Javidi B., 2013. Random resampling masks: a non-Bayesian one-shot strategy for noise reduction in digital holography, Opt. Lett. 5, 619-621.

[94] Chen C-Y., et al.,, 2014. Speckle reduction by combination of digital filter and optical suppression in a modified Gerchberg Saxton algorithm computer-generated hologram, Appl. Opt. 27, G163-G168.

[95] Uzan A., Rivenson, Y., Stern, A.,, 2013. Speckle denoising in digital holography by nonlocal means filtering, Appl. Opt. 1, A195-A200.

[96] Salomon D., 2007, Data Compression - The Complete Reference, (London, Springer-Verlag), Fourth Edition.

[97] Wang, Z. Lu, L., Bovik AC., Video quality assessment based on structural distortion measurement, Signal Processing: Image Communication, 19 (2004) 121-132.

[98] Wang, Z., Bovik, A.C., Lu, L., 2002. Why is image quality assessment so difficult, 2002 IEEE International Conference on Acoustics, Speech, and Signal Processing, IV-3313.

[99] Wang Z., Bovik, A. C., Sheikh H. R., Simoncelli E. P., 2004. Image quality assessment: from error visibility to structural similarity, IEEE Transactions on Image Processing 4, 600.

[100] Pedrini H.; Schwartz W. R., 2008, Análise de imagens digitais: Princípios, Algoritmo e Aplicações, (São Paulo, Thomson Learning).

[101] Rukundo O., Cao H., 2012. Nearest Neighbor Value Interpolation, 25.

[102] Hou H., Andrews H., 1978. Cubic splines for image interpolation and digital filtering, IEEE Transactions on Acoustics, Speech, and Signal Processing 6, 508.

[103] ZhaoJ., Jiang H., Di, J.,, 2008. Recording and reconstruction of a color holographic image by using digital lensless Fourier transform holography, Opt. Express 4, 2514.

[104] Yamaguchi I., Matsumura T., Kato J.,, 2002. Phase-shifting color digital holography, Opt. Lett. 13, 1108-1110.

[105] Kim M. K., Tomographic three-dimensional imaging of a biological specimen using wavelength-scanning digital interference holography, Opt. Express, 7 (2000) 305-310.

[106] Dakoff A., Gass J., Kim M. K., 2003, Microscopic three-dimensional imaging by digital interference holography, (SPIE).

[107] Picart P., Mounier D., Desse J. M., 2008. High-resolution digital two-color holographic metrology, Opt. Lett. 3, 276.

[108] Desse J.,M. Picart P., Tankam P., 2008. Digital three-color holographic interferometry for flow analysis, Opt. Express 8, 5471.

[109] Wang D.,, Zhao J., Zhang, F., Pedrini G., Osten W.,, 2008. High-fidelity numerical realization of multiple-step Fresnel propagation for the reconstruction of digital holograms, Appl. Opt. 19, D12-D20.

[110] Ferraro P., De Nicola S., Coppola, G.,, Finizio, A., Alfieri D.,, Pierattini G., 2004. Controlling image size as a function of distance and wavelength in Fresnel-transform reconstruction of digital holograms, Opt. Lett. 8, 854-856.

[111] Wan Y., Man T., Wang D.,, 2014. Incoherent off-axis Fourier triangular color holography, Opt. Express 7, 8565.

[112] Picart P., Tankam P. , Mounier D., Peng, Z., Li J.,. , 2009. Spatial bandwidth extended reconstruction for digital color Fresnel holograms, Opt. Expres 17, 9145.

[113] Restrepo J., F., Sucerquia J., S. , 2010. Magnified reconstruction of digitally recorded holograms by Fresnel–Bluestein transform, Appl. Opt. 33, 6430.

[114] Desse J. M., Albe F., Tribillon J. L., 2004. Real-time color holographic interferometry devoted to 2D unsteady wake flows, Journal of Visualization 3, 217.

[115] Tankam P. et al, 2010. Real-time three-sensitivity measurements based on three-color digital Fresnel holographic interferometry, Opt. Lett. 12, 2055.

[116] Bluestei, L., 1970. Linear filtering approach to the computation of the discrete Fourier transform, IEEE Trans. Audio Electroacoust 28, 451.

[117] Whittaker E., 1915. On the functions which are represented by the expansions of the interpolation theory, Proc. Royal Soc. Edinburgh, Sec. A 35, 181-194.

[118] Nyquist H., 1928. Certain topics in telegraph transmission theory, Trans. AIEE 47, 617-644.

[119] Shannon C., 1949. Communication in the presence of noise, Proc. Institute of Radio Engineers 37, 10-21.

[120] Candès E. J.,Romberg J.K. , 2006. Quantitative robust uncertainty principles and optimally sparse decompositions, Found. Comput. Math. 6, 227-254.

[121] Candès E. J., Tao J.T., 2006. Near optimal signal recovery from random projections: Universal encoding strategies? , IEEE Trans. Inform. Theory 52, 5406-5425.

[122] Candès E. J., Romberg J.K., Tao T.,, 2006. Stable signal recovery from incomplete and inaccurate measurements, Communications on Pure and Applied Mathematics 8, 1207-1223.

[123] Willett R., M., Marcia, R. F., Nichols, J., M., 2011. Compressed sensing for practical optical imaging systems: a tutorial, OPTICE 7, 072601-1.

[124] Rivenson Y., Stern A., Javidi B., 2013. Overview of compressive sensing techniques applied in holography [Invited], Appl. Opt. 1.

[125] Rivenson Y., Stern A.,, and Javidi B., 2010. Single exposure super--resolution compressive imaging by double phase encoding, Opt. Express 18, 15094–15103.

[126] Lustig M., Donoho D.L., J. M. Santos J.M., and Pauly J.M., 2008. Compressed sensing MRI, IEEE Signal Process. Mag. 25, 72–82.

[127] Chen X. et al, 2012. A Sub-Nyquist Rate Compressive Sensing Data Acquisition Front-End, IEEE Journal on Emerging and Selected Topics in Circuits and Systems 3, 542-551.

[128] Cull C.F., Wikner D.A., MaitJ. M, Mattheiss M. and Brady D.J., 2010. Millimeter-wave compressive holography, Appl. Opt. 49, E67–E82.

210 CONSIDERAÇÕES FINAIS

[129] Lim S., Marks D., and Brady D., 2011. Sampling and processing for compressive holography, Appl. Opt. 50, H75–H86.

[130] Rivenson Y., Stern A., and Javidi B., 2013. Improved three- dimensional resolution by single exposure in-line compressive holography, Appl. Opt. 52.

[131] Boyd,S., Vandenberghe L., 2009, Convex Optimization, (Cambridge, University Press).

[132] Schulz A., Silva E., A., B., Velho L., Compressive Sensing, in: IMPA (Ed.) 27º Colóqui Brasileiro de Matemática, Associação Instituto Nacional de Matemática Pura e Aplicada - IMPA, 2009, pp. 130.

[133] Candès E., Wakin M., 2008. People hearing without listening: An introduction to compressive sampling, IEEE Signal Processing Magazine 25, 21-30.

[134] Foucart S., 2010. A note on guaranteed sparse recovery via l_1 minimization., Applied and Computational Harmonic Analysis 1, 97-103.

[135] Candès E. J., Romberg J., Tao T., 2006. Robust uncertainty principles: exact signal reconstruction from highly incomplete frequency information, IEEE Transactions on Information Theory 2, 489-509.

[136] Coifman,R., Geshwind F., Meyer Y., 2001. Noiselets, Applied and Computational Harmonic Analysis 1, 27.

[137] Li K., Cong S., 2015. State of the art and prospects of structured sensing matrices in compressed sensing, Frontiers of Computer Science 5, 665-677.

[138] Domínguez-Jiménez M. E. , Luengo D., Sansigre-Vidal G., 2015. Estimation of Symmetric Channels for Discrete Cosine Transform Type-I Multicarrier Systems: A Compressed Sensing Approach, The Scientific World Journal, 151370.

[139] Romberg J., Candès E.J.,2005. Documentação do programa de Minimização de Normal L1.

[140] Strang G., 1986, Introduction to Applied Mathematics, (Cam-

bridge, Wellesley), 398.

[141] Magalhães F., Araújo,F.M., Correia M.V., Abolbashari M. and Farahi F., 2011. Active illumination single-pixel camera based on compressive sensing, Appl. Opt. 4, 405-414.

[142] Disponível em: http://dsp.rice.edu/cscamera. Acesso em:

[143] Ma Y., Grant J., Saha S, Cumming D.R. S., 2012. Terahertz single pixel imaging based on a Nipkow disk, Opt. Lett. 9, 1484-1486.

[144] Magalhães F., Abolbashari M., Araújo F. M., Correia, M. V., Farahi F., 2012. High-resolution hyperspectral single-pixel imaging system based on compressive sensing, OPTICE 7, 071406-1-071406-6.

[145] Chiang P., Cai Y., Mak K. H. and Zheng J., 2013. A B-spline approach to phase unwrapping in tagged cardiac MRI for motion tracking., Magnetic Resonance in Medicine 69, 1297–1309.

[146] Zibetti M. V. W., De Pierro A.R., 2016. Improving compressive sensing in MRI with separate magnitude and phase priors, Multidimensional Systems and Signal Processing, 1-23.

[147] Lustig M., 2007. Sparse MRI: The application of compressed sensing for rapid MR imaging, Magnetic resonance in medicine 6, 1182 -1195.

[148] MarimM. M., Atlan M., Angelini E., Olivo-Marin, J.C., 2010. Compressed sensing with off-axis frequency-shifting holography, Opt. Lett. 6, 871–873.

[149] Deepan B., Quan C., Tay C. J., Compressive sensing for digital holographic interferometry, in, 2014, pp. 923419-923416.

[150] Hahn J., Lim S., Choi K.,Horisaki R., Brady,D. J., 2011. Video-rate compressive holographic microscopic tomography, Opt. Express 8, 7289-7298.

[151] Choi K., Horisaki R., Hahn J., Lim S., Marks D. L., Schulz T. J., Brady D. J., 2010. Compressive holography of diffuse objects, Appl. Opt. 34, H1-H10.

[152] Rivenson Y., Rot A., Balber S., Stern A., Rosen J. 2012. Recovery of partially occluded objects by applying compressive Fresnel holography, Opt. Lett. 10, 1757-1759.

[153] Rivenson Y., Stern A., and Javidi B., 2010. Compressive Fresnel Holography, J. Display Technol. 6, 506–509.

[154] Rudin L., Osher S., and Fatemi E., 1992. Nonlinear total variation based noise removal algorithm, Physica D 60, 259–268.

[155] Candès E.J., and Plan Y., 2011. A probabilistic and RIPless theory of compressed sensing, IEEE Trans. Inf. Theory 57, 7235–7254.

[156] Saha T., Srivastava S., Khare S., Stanimirović P.S., Petković M.D., 2019. An improved algorithm for basis pursuit problem and its applications, Applied Mathematics and Computation 355, 385-398.

[157] Wright S.J.,Nowak R.D., and Figueiredo M.A.T., 2009. Sparse reconstruction by separable approximation, IEEE Trans. Signal Process 57, 2479–2493.

[158] Van Den Berg E., and Friedlander M. P. Probing the Pareto Frontier for Basis Pursuit Solutions, SIAM J. Sci. Comput., 31 (2008) 890-912. .

[159] Figueiredo, M. A. T., Nowak, R. D., Wright, S. J., Gradient Projection for Sparse Reconstruction: Application to Compressed Sensing and Other Inverse Problems, IEEE Journal of Selected Topics in Signal Processing, 1 (2007) 586-597.

[160] Bioucas-Dias J. M., Figueiredo M. A. T., 2007. A New TwIST: Two-Step Iterative Shrinkage Thresholding Algorithms for Image Restoration, IEEE Transactions on Image Processing 12, 2992-3004.

[161] Wang Z, Bovik A. C., Sheikh H. R., Simoncelli E. P., Image quality assessment: from error visibility to structural similarity, Trans. Img. Proc., 13 (2004) 600-612.

[162] Brunet D., Vrscay E. R., Wang Z., On the Mathematical Properties of the Structural Similarity Index, Trans. Img. Proc., 21 (2012) 1488-1499.

[163] Ramachandran K. M., Tsokos C. P., 2009, Mathematical Statistics with Applications, (Elsevier Academic Press).

[164] Bosiers J.T., Peters I. M., Draije C., Theuwissen A., 2006. Technical challenges and recent progress in CCD imagers, Nuclear Instruments and Methods in Physics Research Section A: Accelerators, Spectrometers, Detectors and Associated Equipment 1, 148.

[165] Miccio L., Memmolo P., Merola F., Fusco S., Embrione V., Netti, P. A., Ferraro P., A new 3D tracking method exploiting the capabilities of digital holography in microscopy, in: SPIE Optical Metrology 2013, SPIE, 2013, pp. 6.

[166] Endo Y., Shimobaba To, Kakue T., Ito T., 2016. GPU-accelerated compressive holography, Opt. Express 8, 8437-8445.

[167] Gilbert A. C., Indyk, P., Iwen M., Schmidt L., 2014. Recent Developments in the Sparse Fourier Transform: A compressed Fourier transform for big data, IEEE Signal Processing Magazine 5, 91.

[168] Liu S., Shan T., Tao, R., Zhang,Y. D., Zhang G., Zhang F., Wang Y., 2014. Sparse Discrete Fractional Fourier Transform and Its Applications, IEEE Transactions on Signal Processing 24, 6582.

[169] Wang L., 2017. Radial basis functions methods for boundary value problems: Performance comparison, Engineering Analysis with Boundary Elements, 191.

[170] Willett R.M., Marcia R.F., Nichols J.M., 2011. Compressed sensing for practical optical imaging systems: a tutorial, Optical Engineering 50 (7), 072601.

[171] Zhang Y., Zhang L.Y., Zhou J., Liu L., Chen F., and He X., 2016. A Review of Compressive Sensing in Information Security Field. IEEE Access, 4, 2507.

[172] Ball J.E., Anderson D.T., Chan C.S., 2017, Comprehensive survey of deep learning in remote sensing: theories, tools, and challenges for the community. J. Appl. Remote Sens. 11(4),042609.

[173] Rani M., Dhok S.B., and Deshmukh R.B.,2018. A Systematic Review of Compressive Sensing: Concepts, Implementations and Applications, IEEE Access, 6, pp. 4875-4894.

[174] Li Z., Xu, W., Zhang X. Zhang X. and Lin J. 2018. A survey on one-bit compressed sensing: theory and applications. Front. Comput. Sci. 12, 217.

[175] Ye J.C., 2019 Compressed sensing MRI: a review from signal processing perspective. BMC biomed eng 1, 8.

[176] Li L., Fang Y., Liu L., Peng H., Kurths J., and Yang Y.. 2020. Overview of Compressed Sensing: Sensing Model, Reconstruction Algorithm, and Its Applications. Applied Sciences 10, 17, 5909.

[177] Manchanda R. and Sharma K., 2020. A review of reconstruction algorithms in compressive sensing. In 2020, IEEE International Conference on Advances in Computing, Communication & Materials (ICACCM) 322.

[178] Mishra I., and Jain, S.,. 2021. Soft computing based compressive sensing techniques in signal processing: A comprehensive review. Journal of Intelligent Systems, 30 1,312.

[179] Calisesi G., Ghezzi A., Ancora D., D'Andrea, C.,Valentini G., Farina A.,Bassi A., 2022 Compressed sensing in fluorescence microscopy 2022. Progress in Biophysics and Molecular Biology 168,66.

[180] Saideni W., Helbert D., Fabien Courreges F., and Cances J-P. 2022. An Overview on Deep Learning Techniques for Video Compressive Sensing" Applied Sciences 12, (5) 2734.

[181] Lal B., Gravina R., Spagnolo F., Corsonello P., 2023. Compressed Sensing Approach for Physiological Signals: A Review, IEEE Sensors Journal, vol. 23, 6, pp. 5513-5534, 15.

Impresso na Prime Graph
em papel offset 75 g/m^2
outubro / 2024